吉林财经大学资助出版

财税政策对创新投资激励的省际差异

梁毕明 ◎ 著

中国社会科学出版社

图书在版编目（CIP）数据

财税政策对创新投资激励的省际差异 / 梁毕明著. —北京：中国社会科学出版社，2018.8
ISBN 978-7-5161-8114-0

Ⅰ.①财… Ⅱ.①梁… Ⅲ.①财政政策—影响—企业—投资—研究—中国②税收政策—影响—企业—投资—研究—中国 Ⅳ.①F279.235.1

中国版本图书馆 CIP 数据核字（2018）第 217415 号

出 版 人	赵剑英
责任编辑	王　曦
责任校对	王洪强
责任印制	戴　宽

出　　版	中国社会科学出版社
社　　址	北京鼓楼西大街甲 158 号
邮　　编	100720
网　　址	http://www.csspw.cn
发 行 部	010-84083685
门 市 部	010-84029450
经　　销	新华书店及其他书店
印刷装订	北京君升印刷有限公司
版　　次	2018 年 8 月第 1 版
印　　次	2018 年 8 月第 1 次印刷
开　　本	710×1000　1/16
印　　张	9.25
插　　页	2
字　　数	112 千字
定　　价	39.00 元

凡购买中国社会科学出版社图书，如有质量问题请与本社营销中心联系调换
电话：010-84083683
版权所有　侵权必究

摘　　要

　　作为政府对于社会经济干预的重要手段，几乎所有国家的政府部门都会积极发挥财税政策的作用。如2008年美国政府就曾经通过积极的政府补助，援助由于金融危机而将要破产的房利美、房地美以及AIG保险公司等，取得了较好的效果。而受到2008年全球金融危机的冲击，我国市场需求也出现了明显下滑，国有、民营企业的经济效益严重降低，投资支出受到限制，所以，中国政府也试图采用巨额资金补助来进行经济刺激，最重要的表现，就是在资本市场上政府针对上市公司的补助也增加显著，并且在总额上也呈现每年明显增加的趋势，意图改善企业的盈利状况。而这些巨额的政府补助最终补助到的地区、行业、去向等，一直引起公众和舆论的广泛关注。随着我国对培育企业自主创新能力重视程度的不断提高，各级政府纷纷出台了包括政府补助和税收优惠等在内的政策措施，鼓励企业增加研发支出。2017年3月7日，国务院办公厅针对振兴东北老工业基地出台了《东北地区与东部地区部分省市对口合作工作方案》。东北地区和东部地区的省份对接、合作共赢也是当下研究的重点。

　　已有的相关研究，大部分侧重于财税政策对不同企业R&D投资的影响，对企业创新投资方向以及不同省份的企业所产生的影响，研究文献很少。但是必须看到一个事实，企业的创新投资不仅仅是一个企业依据自身的愿景与未来预期而做出选择，往往还会受到各种市场条件及政治经济因素的影响，并且受到政府政策的限制和约束。在中国当前的经济环境下，政府通过各种手段直接参与、影响经济的意愿非常强烈。所以，企业创新投资行为很难做到真正的自主决策，而政府补助针对企业创新投资的行为就很有可能会产生影响作用。

本书将企业投资激励作为研究的视角，首先在对上市公司的政府补助在行业分布、地区分布、国有民营、ST 和非 ST 上市公司等方面的差异分析的基础上，提出了政府补助的投资激励假说与资本投向激励假说。选取 2008—2015 年沪深资本市场筛选以后的上市公司作为主要研究的样本，基于理论分析，提出了 4 个假设，并科学构建了实证分析模型和变量，采用 Excel 2003 和 Stata 12.0 数据处理及分析软件进行统计分析。通过实证分析检验政府补助是否真正影响了上市公司的对外投资、对内投资、固定资产投资、无形资产投资等，并研究经济增速对其固定资产投资水平的影响。本书基于财税政策对企业研发创新绩效影响，对黑龙江省与广东省、吉林省与浙江省、辽宁省与江苏省分别进行对比分析，探讨财税政策对激励企业研发支出效果的差异，实证检验了财税政策对企业研发具有激励作用。并结合各省份的不同情况，给出制定相关政策的建议。最后提出关于财税政策的政策建议，这将对提高财税政策的效用性提供有益的参考。

目　录

第一章　绪论 ·· 1

 第一节　研究背景 ·· 1
 第二节　研究意义 ·· 3
 第三节　研究方法 ·· 4
 第四节　研究思路和内容 ···································· 4
 第五节　研究的创新点 ······································ 6

第二章　财税政策与创新投资的理论界定 ·························· 7

 第一节　财税政策的概念 ···································· 7
 第二节　财税政策的类型 ···································· 7
 第三节　创新投资的概念及其特征 ···························· 9
 第四节　创新投资的影响因素 ································ 10
 第五节　软预算约束理论 ···································· 12
 第六节　地方政府竞争理论 ·································· 13
 第七节　外部经济理论 ······································ 14

第三章 财税政策激励创新投资的相关文献综述 …………… 16

 第一节 财税政策的具体内容、作用及其本质 …………… 16
 第二节 财税政策的主要动机 …………………………… 19
 第三节 财税政策对于公司创新投资的影响效果 ………… 24
  一 企业性质 …………………………………………… 24
  二 补助方式 …………………………………………… 25
  三 产业政策 …………………………………………… 27
  四 研发阶段 …………………………………………… 27
  五 企业情况 …………………………………………… 28
 第四节 文献评述 ………………………………………… 29

第四章 财税政策对创新投资的现状分析 ………………… 30

 第一节 财税政策的现状分析 …………………………… 30
 第二节 财税政策的行业分布特点 ……………………… 30
 第三节 财税政策的区域分布特点 ……………………… 34
 第四节 财税政策的企业性质分布特点 ………………… 35
 第五节 财税政策在 ST 上市公司的分布特点 ………… 38
 第六节 本章小结 ………………………………………… 39

第五章 财税政策对创新投资激励的实证研究 …………… 41

 第一节 财税政策与创新投资概述 ……………………… 41
 第二节 关于政府干预企业创新投资的观点分析 ……… 43
 第三节 研究假设 ………………………………………… 46
 第四节 研究设计 ………………………………………… 49

  一 研究样本确定与数据选择 …………………… 49

  二 模型和变量 ……………………………………… 50

 第五节 实证结果和分析 ……………………………………… 53

  一 政府补助对企业投资方向所产生的影响 ………… 53

  二 经济增速对政府补助与固定资产

    投资水平关系的影响 ………………………………… 57

  三 稳健性测试 ……………………………………… 60

 第六节 本章小结 ……………………………………………… 62

第六章 财税政策对创新投资激励的省际比较

    ——广东与黑龙江 ……………………………………… 64

 第一节 广东和黑龙江两省概述 ……………………………… 64

  一 两省自然情况概述 ……………………………… 64

  二 两省经济发展情况比较 ………………………… 65

  三 两省高技术产业规模比较 ……………………… 67

 第二节 实证分析 ……………………………………………… 69

  一 研究假设与数据来源 …………………………… 69

  二 计量模型与研究变量 …………………………… 70

  三 实证结果 ………………………………………… 71

 第三节 基于黑粤两省省际差异的对策建议 ……………… 80

第七章 财税政策对创新投资激励的省际比较

    ——浙江与吉林 ………………………………………… 84

 第一节 浙江与吉林两省概述 ………………………………… 84

  一 两省自然情况概述 ……………………………… 84

  二　两省经济发展情况比较 …………………………………… 85
  三　两省创新研发情况比较 …………………………………… 88
 第二节　实证分析 …………………………………………………… 89
  一　研究假设 …………………………………………………… 89
  二　样本选取、数据以及变量说明 …………………………… 91
 第三节　基于浙吉两省省际差异的对策建议 …………………… 98

第八章　财税政策对创新投资激励的省际比较
——江苏与辽宁 ……………………………………… 101

 第一节　江苏和辽宁两省概述 …………………………………… 101
  一　两省自然情况概述 ………………………………………… 101
  二　两省经济发展情况比较 …………………………………… 101
 第二节　实证分析 ………………………………………………… 105
  一　研究假设 ………………………………………………… 105
  二　数据来源与处理 ………………………………………… 106
  三　变量选取 ………………………………………………… 107
  四　实证模型 ………………………………………………… 108
 第三节　基于苏辽两省省际差异的对策建议 …………………… 114

第九章　财税政策对公司创新投资影响的建议 …………… 117

 第一节　政策性建议 ……………………………………………… 118
  一　不断完善政府补助的决策机制 ………………………… 118
  二　建立健全补贴之后的各项监督机制 …………………… 119
  三　构建政府补助资金投向效果的评价机制 ……………… 119
 第二节　东北与东部地区对口合作产业对接的建议 ………… 121

  一 要有战略布局 ………………………………………… 121
  二 要有政策保障 ………………………………………… 121
  三 要打通金融互惠 ……………………………………… 122
  四 要扩展市场空间 ……………………………………… 123
  五 要注重产业互补 ……………………………………… 124

第十章 结论和展望 …………………………………………… 126

 第一节 研究结论 …………………………………………… 126
 第二节 研究的局限性与展望 ……………………………… 128

参考文献 ………………………………………………………… 130

第一章 绪论

第一节 研究背景

宏观经济政策对微观企业经营行为的影响,一直是理论界和实务界关注的焦点,但是受到学科分野的限制,能够把二者纳入同一研究范畴进行综合研究和考量并非主流。但是相关研究证明,政府经常会通过政策传导手段和机制去影响微观企业的经济发展预期,甚至很可能会改变企业的创新投资行为和方向。

作为政府对社会经济干预的重要手段,几乎所有的地方政府都会积极发挥财税政策的作用。如2008年美国政府就曾经通过积极的政府补助,援助由于金融危机而将要破产的房利美、房地美以及AIG保险公司等,取得了较好的效果。而受到2008年世界金融危机的冲击,我国市场需求也出现了明显下滑,国有、民营企业的经济效益严重降低,投资支出受到限制,所以,中国政府也试图采用巨额资金补助来进行经济刺激,最重要的表现,就是在资本市场上政府针对上市公司的补助也增加显著,并且在总额上也呈现每年明显增加的趋势。据《上海证券报》披露的相关报道,仅2015年,超过 90% 的上市公司收到过不同形式的各类政府补助，另外还有 100 多家上市公司，其收到的政府补助金额超过 1 亿元，中石油所收到的政府补助更是超过 35.9 亿元。2015 年，政府补助的金额也达到将近 1200 亿元。因为政府补助本身的目的，就是通过产业引导弥补市场体系的内在缺陷，而这些巨额的政府补助到底最终用到了哪里，无疑会引起公众和舆论的广泛关注，评价不一。

在新的企业会计准则实施以后，政府针对上市公司的各项财税政策，通常会被分为三大类，即政府补助、专项补助和税式支出。新准则这样定义政府补助：企业无偿取得的货币性资产或者非货币性资产。在会计核算方法上采用收益法，该项收入计入企业营业外收入或者递延收益，会影响到企业本期或者以后的损益。很多学者较早就开始关注财税政策相关问题，也为此积极开展深入的研究，目前已有财税政策的相关研究，大多侧重于财税政策的主要影响因素，或者是对企业经济效益以及技术创新等方面的影响。关于财税政策的具体效果，即针对创新投资激励所产生影响的相关研究较少涉及，不得不说有些遗憾。

但是，必须看到这样一个事实，企业的创新投资行为不仅是一个企业依据自身的愿景与未来预期而做出的选择，往往还会受到各种市场条件及政治经济因素的影响，并且受到政府政策的限制和约束。在我国当前的经济环境下，政府部门通过各种手段直接参与、影响经济的意愿非常强烈。所以，企业创新投资行为很难做到真正的自主决策，而政府补助对企业创新投资的行为就很有可能会产生重大的影响。

那么，政府补助的激增，除了提高企业经济效益的目的外，是否还反映出政府通过刺激企业投资以达到确保经济高速增长的强烈期望？上市公司得到政府补助近年来又呈现显著增长的态势，是否可以这样认为：得到补助的企业会通过扩大规模投资（主要是表现为固定资产投资）、减少对外投资来追求地区经济的增长？正是基于这个思考，本书将研究的视角重点放在上市公司在接受政府补助后的创新投资支出以及资本投向方面，即关注企业获得补助后的投资水平和对外投资，以及企业的无形资产与固定资产投资等，是否也会受到政府补助的导向影响。但是，这些问题设想，又必须通过实证检验方法加以论证。

本书将创新投资激励作为主要研究视角，从而提出在财税政策基础上的投资激励假说以及资本投向激励假说等，并选取我国沪深资本市场的 A 股上市公司作为研究的样本，通过实证检验有关财税激励的上述问题，最终来衡量和评价当前财税激励对于企业创新投资方向的影响。此外，2017 年 3 月 7 日，国务院办公厅针对振兴东北老工业基地出台了《东北地区与东部地区部分省市对口合作工作方案》。本书基于财税政策对企业研发创新绩效影响对黑龙江省与广东省、吉林省与浙江省、辽宁省与江苏省分别进行对比分析，探讨财税政策对激励企业研发支出效果的差异，实证检验了财税政策对企业研发具有激励作用。结合各省份的不同情况，给出制定相关政策的建议。这样的研究，可能会为政府补助等政策的优化提供重要的参考价值和依据。

第二节　研究意义

近些年来，国内已有研究大都以政府和企业的关系视角去考察财税政策的出发点，很少有研究分析论证财税政策在决策时的主要动机和原因，也很少涉及财税政策对微观企业的创新投资行为、投资方向等方面的影响。本书重点分析了地方政府在利益诉求驱动下，通过财税政策的方式来干预和引导企业投资，进而有效影响了企业投资的方向，从而深入探析财税政策在影响企业投资方向方面的作用机制和最终结果。这样的研究，非常有利于准确地掌握财税政策针对企业创新投资的具体作用，并进行预判，也有利于为政府补助资金的合理配置提供有益的借鉴。

第三节 研究方法

本书采用文献分析法和实证分析法进行研究。首先通过学校图书馆数字资源数据库查找国内和国外的相关文献资料，针对相关的研究成果进行搜集研究，并吸收其中最新、最优的研究成果和方法，进一步夯实了本书研究的理论基础，同时也为本书的研究提供了方向上的指导和理论论据上的支撑。本书另外采用实证分析法进行研究。具体方法是选取我国的部分上市公司作为样本，在理论研究分析的基础上，建立回归模型，然后进行实证检验，并进行稳定性分析，以最终得到的结论来检验政府补助对企业投资的主要影响效果。

第四节 研究思路和内容

首先，对于国内外研究中财税政策的性质、内容以及作用等研究观点进行梳理，针对财税政策已经成为各国政府进行经济调节的通用财政工具、我国政府为了促进经济增长而通过财税政策方式进行企业行为干预的动机，进行深入的剖析和研究。

其次，针对2008年以来政府补助在行业、地区、企业性质、ST和非ST公司等方面的差异，客观地对当前财税政策决策方案进行评价，这将为财税政策对企业创新投资方向产生的影响研究，提供实证研究的坚实基础。

再次，进行实证分析。在4个确定假说的基础上，选取自2007年新会计准则实施以来在沪深资本市场中上市公司的财务数据，通过模型展开实证检验分析，主要是检验财税政策对企业在对外投资和对内投资、固定资产与无形资产投资等的主要影响。在此基础上，研究财税政策对企业投资方向的影响，从而致力于揭示财税政策的具体应用效果。

复次，基于财税政策对企业研发创新绩效影响对黑龙江省与广东省、吉林省与浙江省、辽宁省与江苏省分别进行对比分析，探讨财税政策对激励企业研发支出效果的差异，实证检验了财税政策对企业研发具有激励作用。结合各省份的不同情况，给出制定相关政策的建议。

最后，依据上述研究理论和实证检验分析的结果，综合归纳了本书的主要研究成果，并提出了严格规范财税政策、不断完善财税政策的决策机制、重视政府补助的财务披露制度、建立健全补贴后的监控机制、建立和健全财税政策在资金投向效果的评价机制等政策性建议，以有效促进企业发展，提升政府在资源配置上的效率。

第五节　研究的创新点

本书的创新点就在于，依据地方政府经济增长的动机提出了关于财税政策的投资激励假说以及资本投向激励假说，并且对投资支出中的资本做出了固定资产投资、无形资产投资、对外投资等进一步的细分，以考察财税政策与企业创新投资方向二者存在的密切关联。同时，本书以沪深上市公司为研究样本，通过实证分析方法，来检验财税政策对企业创新投资方向的影响，最终得出了财税政策会显著地影响企业资本的创新投资方向，并引导企业在当地范围来扩大投资、减少对外投资的结论。最后，以东北地区与东部地区三省对接政策下的各省市进行对比分析，实证检验了财税政策对企业研发具有激励作用，并针对各省的不同情况给出相应的建议。

第二章　财税政策与创新投资的理论界定

第一节　财税政策的概念

财税政策是一国在一定时期内为达成政治、经济、社会、生态环境的任务而实施的财政手段，通过相关手段来调节社会的总供给和总需求。同时，财税政策也是国家政策的重要组成部分，决定着国家整体发展的走势。财税政策旨在促进就业率的提高，实现经济的平稳持续增长，避免经济大幅度波动而造成的通货膨胀或通货紧缩，平衡国家的财政收支，避免较大规模的政府赤字，提高国民收入，保证国民生活水平的稳步提高。

第二节　财税政策的类型

财税政策可拆分为财政政策与税收政策两大类，均属于国家宏观经济调控的常用手段，是公共政策的重要组成部分，以特定的财政理论为依据，应用各种财政和税收工具，为达到经济增长或稳定币值等财政目标所采用的财政措施的总和。本书研究的财税政策主要包括财政科技支出、税收优惠、政府财政性补贴、政府担保贷款、政府采购等内容。

财政科技支出包括对企业的直接资金投入和间接资金投入。直接资金投入与政府财政性补贴对企业的作用相似，这种直接的资金支持降低了企业技术创新成本，扩大了企业利润空间。间接资金投入则包括对科技人才培育和奖励、公共创新平台建设、专项创新基金建立、国外尖端人才和技术引进等方式，间接促使企业综合能力提升，达到提高技术、创新绩效的目的。政府担保贷款则多出于对企业创新信息保密性的保护原则，为企业向金融机构贷款提供担保，避免企业因资金周转困难而阻碍技术创新的进行。

税收是国家的主要收入，主要目的在于为公民提供公共物品，本质为政府放弃了一部分税收收入而将其让渡给企业，主要包括对企业和个人两方面，对企业可从企业所得税、设备税、促进科技发展等方面实施优惠政策；对个人则主要可从个人所得税、科技发明项目税等方面实施优惠政策。企业技术创新具有准公共物品性质，越接近于基础科学和理论研究，其公共物品的特性越明显，理所当然应该得到税收政策的扶持。税收主要通过制定各种税收优惠政策来间接调节企业决策，促使和引导资源投向政府政策支持的领域。税收政策具有低成本、高透明度、强公平性、广影响面等特征，许多国家采取这种方式促进企业技术创新绩效提升。

第三节　创新投资的概念及其特征

熊彼特在其著作《经济发展理论》中首先提出了创新的概念，创新是指在特定的环境下，以突破现有的思维模式为导向，凭借现有的知识结构和物质，来改进或创造新事物，并能产生新价值的行为。创新包括很多种，如文化创新、教育创新、科技创新、制度创新、工作方法创新等。本书所指的创新投资主要是指高新技术企业用于科技创新活动的支出。科技创新包括科学创新和技术创新。科学创新是为了揭示客观事物的本质及运动规律，获得新知识、新学说而进行的科学研究；技术创新是指为获得一定经济效益目标，利用最新的研究成果或最新的知识对产品和工艺进行创新，并将产品和工艺投入市场。

创新投资具有如下特征：

（1）不确定性。科技创新活动是一个由诸多因素交互形成的复杂过程，受到多种因素的制约，如市场的不确定性、创新成果的难以预测性、制度环境的不确定性、技术层面的不确定性、信息不对称性等。以上因素都会影响到科技创新活动，使科技创新成为一种充满风险的活动，造成创新投资的不确定性。

（2）高风险性。风险性与不确定性密不可分，只要存在不确定性就必然存在风险性，反之亦然。风险性是指在科技创新过程中为可能发生、无法预知的事件而付出的代价。创新投资之所以具有高风险性，一方面是由科技创新活动的低成功率造成的，据统计，只有10%的创新能进入市场并接受市场的检验；另一方面是由于科技创新活动的投入经费往往较多，一旦失败意味着大部分投入无法收回。

（3）高投入性。科技创新活动与一般的生产实践活动不同，科技创新活动以最新的高技术为基础，需要许多高尖端的科技人才，这意味着科技创新活动需要投入大量资金用于购买和更新相关的设备，引进高端技术和人才。在高新技术企业中，其用于研发的费用是一般企业的10—20倍。

（4）高收益性。虽然科技创新活动中存在不确定性，但科技活动成功后带来的科技优势、成本优势、产品优势可以极大地提高生产效率，降低生产成本，提高企业的核心竞争力，在一定领域内形成技术垄断。目前发达国家凭借其持续不断的科技创新成果，已形成了对世界范围内高新科技市场的垄断，并从中攫取了大量的超额利润。

第四节　创新投资的影响因素

创新投资作为企业投资决策中的组成部分，与企业的基本属性和生产经营状态密切关联。

（1）企业的规模是影响研发投资水平的一个重要因素，有些学者表示，大企业具有资产规模效应或资金充足等方面优势，有能力承担研发带来的高风险性或费用支出；也有文献表示，小规模企业在投资或生产方面具有灵活性，为了增强市场的竞争力更致力于技术的创新。近期也有研究表示，规模与研发的关系要受到生命周期或技术范式等条件的限制。

（2）由于研发投资具有周期长或风险大的特性，企业的财务状况或盈利能力对其影响较为突出：第一，研发经费在很大程度上来自利润，只有利润水平较高的企业才会致力于从事研发活动，当然也有文献发现，企业的利润率与创新投资的相关性并不显著；第二，研发投资战略和资本的结构关系紧密，企业在面临还款压力时，会试图通过减少创新投入来缓解财务上的困境。

（3）对企业治理结构是否决定着运营与生产层面的效率，股权集中度是否对创新投资产生影响存在颇多争议。在股权集中度层面，一些学者表示，大股东比小股东更关注长期投资报酬，因此，股权的集中更利于提高企业的创新投入水平；一些研究人员考虑到股东作为投资者的风险规避属性，认为股权越集中的企业创新投资就越少。在所有权性质层面，一些文献表示，国有企业在制度或政策上具有优势，能够获取行业的垄断势力，因此在技术创新体系里多扮演重要的角色；也有部分文献表示，私营企业在经营和生产中拥有较大的灵活性，进而比国有企业具有更强的创新动力来源。

（4）从微观层面来说，创新投入还与企业的技术能力、年龄、地理位置等影响因素密切关联。企业的集合构成了生产同类型产品或提供同类型服务的行业，企业的创新行为也体现了行业特征，而市场结构、市场需求等特性则是影响企业的创新行为的重要因素。市场的需求是促进企业技术创新投资的主要动力，新产品需求量的上升有助于提高创新的预期收益，减少创新投资的风险性，进而有利于提高企业的创新投入。根据产业组织理论当中的 SCP 范式，市场结构影响企业的行为，广泛探讨市场集中度和企业的创新强度间的关系，但来自不同的市场环境的实证结论存在差异，一部分研究表明，垄断企业具有更强的创新激励。另一部分研究表明，市场势力造成了企业的创新动力缺乏,还进一步证实了二者出现的倒 U 形关系。行业的创新分布与企业研发活动强度间存在密切关联,但在现有研究中却很少提及。由于创新投资存在的外部性和不确定性,理论上政府补助可克服市场失灵,各国政府也都采取了创新激励手段或政策引导企业从事创新活动,结果也表明,无论是税收减免抑或是政府补助,对企业的创新投资水平都产生了积极的促进作用。

第五节　软预算约束理论

"软预算约束"(soft budget constraint)是 Kornai(1980)在《短缺经济学》一书中提出的概念,用以描述社会主义经济中一个普遍现象,即当国有企业处于困境时,政府不得不以政府补助、贷款支持等方式对国有企业施以援手。随后,软预算约束概念不断拓展(Dewatripont & Maskin, 1995; Boyck, et al., 1996)。概括起来,软预算约束反映的是这样一种现象:政府、银行等预算支持体基于"父爱主义"、政治(政策)或经济(外部性)考虑,通过各种手段(税收、贷款、财政补贴等)向企业等预算约束体提供救助,从而导致后者经济活动中预算约束软化的情形。

软预算约束就是指当一个经济组织遇到财务上的困境时,借助外部组织的救助得以继续生存的经济现象。软预算约束对应的是硬预算约束。所谓硬预算约束就是我们平常说的优胜劣汰的市场机制,即经济组织的一切活动都以自身拥有的资源约束为限。

软预算约束的形成至少有两个主体,即预算约束体和支持体。预算约束体是指那些在以自有资源为限,如果收不抵支,产生赤字，在没有外部救助的情况下不能继续存在的组织。支持体通常是受政府控制的，可以直接转移资源来救助陷入困境的预算约束体的组织。在我国，国有银行的支持体通常为政府财政和中央银行，国有企业的支持体通常为政府财政和国有商业银行。

第六节　地方政府竞争理论

所谓地方政府竞争主要是指，一国内不同地区行政管辖的地方政府通过进行政府投资、法律制度等跨区域竞争来吸引更多投资技术或提供更多公共物品。根据我国发展国情来看，地方政府竞争存在一些特有属性。

（1）我国的地方政府竞争是相对开放的。虽然地方政府竞争是跨区域的竞争，但在竞争过程中更多的是针对不同政府主体，其竞争的经济行为只能作用于本区域。因此如果各地区经济都实行封闭管辖，不仅会阻碍地区的经济增长，还将使其经济发展远远落后于其他地区，所以选择经济活动区域局部开放是非常有必要的。

（2）不同时期，地方政府的竞争重点和范围也不同。目前我国实行经济体制改革更多是想调整和完善企业、政府、市场在经济发展过程中的影响和作用关系，降低政府在经济活动中扮演管控者这一角色的比例，以便我国市场经济更好发展。然而，随着政府在市场经济活动中参与程度的改变，各地区地方政府的竞争内容和范围也发生了变化，现在更多的是在公共产品领域竞争，不像以前多是追求私人产品资源。

（3）地方政府竞争更多地体现在争取中央政府给出的相关优惠

政策。我国各区域地方政府服从于中央政府的管辖，两者并不是平等的关系，这也正是我国地方政府在竞争过程中存在的明显的制度特点。我国目前制度方式演变为政府供给主导型，其可以对地方发展实行制度供给准入限制，地方政府竞争更多的是针对此制度特点争取试点权。

（4）地方政府的竞争会带来两方面结果。一方面，地方政府通过竞争可以推动当地经济发展，特别是在我国这种社会主义国情背景下；另一方面，地方政府竞争需要限制，如果过度竞争或者恶性竞争，不仅不会带来经济发展，还会引起无序竞争导致的地方保护主义、重复建设等问题，反而抑制经济快速发展。

第七节　外部经济理论

外部经济（Externalities Economics or External），又被译作外在化、外部性或外部经济效应。在西方经济学理论中它有明确的内涵，即如果某人或某企业在从事经济活动时给其他个体带来危害或利益，而该个人或者企业又没有因为这一后果支付赔偿或者得到报酬，那么这种危害或利益被称为外部经济（周惠中，1997）。外部经济是新古典经济体系中的一个重要内容。最早提出外部经济概念的是马歇尔（Marshall），马歇尔所指的外部经济是指整个产业的发展或增长所引起的产业内部厂商的成本下降。外部经济能够引起国家产业水平上的规模收益递增。

私人物品由于不承担或较少承担额外的社会成本，决定了它以负外部经济效应为主，而公共物品非排他性的无偿使用特征则决定了它必然对社会产生额外的福利贡献,即以产生正的外部效应为主。尽管现实经济社会中每个具体的公共物品也有相应的边界和空间范围,也存在运作主体,但其开放特征决定了在许多情况下其他主体可以无代价地自由出入其空间及无偿使用该物品,因此,公共物品容易遭受到"搭便车"行为的侵蚀以致社会供给不足。

此外,外部经济可以促进厂商和产业在地理上的集中,可以促进厂商降低成本、提高生产率和竞争力,可以促进国际专业化分工的形成。

第三章 财税政策激励创新投资的相关文献综述

要研究财税政策对企业创新投资方向的影响，就需要首先弄清财税政策的本质意义。同时，分析其具体内容，以便于把握其在企业创新投资中的特殊作用，本章就此内容展开重点论述。

第一节 财税政策的具体内容、作用及其本质

目前，政府针对性出台的财税政策主要由研发相关的财政激励政策与税收优惠政策组成，与研发相关的财政激励政策主要有政府补助、支持中小企业研发创新的专项基金和引导企业自主创新的政府采购等。

政府补助，就是政府无偿地给予企业一定的货币性和非货币性资产，但是不包括其作为企业的所有者而投入的资本。经济学家庇古（2009）在《福利经济学》中第一次发表了如何研究政府补助的先例，文中他指出从古典经济学的角度出发，如果是完全市场化的

竞争，就一定会让社会资源在配置上达到最优化①，但是在现实环境中，有许多外部性问题的存在，所以说单纯意义上的完全的市场竞争的确难以达到最优化的配置效果。因此，政府就会对市场进行干预，比如对收入进行一系列的再分配等相关政策。更有一部分西方的经济学者，也专门开展有关政府补助等方面的深入研究和探讨。

税收优惠则通过降低企业研发过程中的进入成本，鼓励企业购买设备、引进技术，与外部科研机构建立研发合作关系（李翠芝等，2013），主要集中在所得税优惠上。对比政府补助背后浓郁的政治色彩，税收优惠政策显得更为灵活，既能充分利用市场机制，又能激发创新主体的能动性，兼具广泛、公平、无歧视等特点，且普遍对研发投入起到了正向的影响作用②。

在改革开放以后，国内的一些学者才开始研究企业利用政府补助的有关问题。李扬等（2011）研究人员较为详细地分析了采用政府补助会带来什么效应。他在文中指出，政府补助效应可以通过收入调节与替代效应作用的发挥来积极改变预期，可以通过政府补助来有效改变产品及其生产要素的相对价格，不但可以增加实际的收入，而且能改变投资产出及需求的相关结构。这样的话，有利于社会资源的重新分配③。因此，政府若采用合理的政策补贴，不仅能促进经济的快速发展，还对如何去落实产业政策起到科学调整与规划作用。

---

① ［英］亚瑟·庇古：《福利经济学》，何玉长、丁晓钦译，上海财经大学出版社2009年版。
② 李翠芝、林洲钰：《政府财税扶持对企业技术创新的影响研究》，《云南财经大学学报》2013年第6期。
③ 李扬：《财政补贴经济分析》，上海三联书店2011年版。

目前，政府补助属于政府财政方面的政策之一，早已经成为世界各国政府宏观调控的一种重要措施。姚明安、孔莹（2008）等研究也证实，政府补助作为实现针对国民收入的调整与再分配，有效地促进经济资源转向特定行业分配，从而进一步加快产业的结构调整，共同达到了政府对国民经济和社会管理的目标[①]。另外，目前政府补助也已经成为财政转移支付的重要渠道，这样政府补助不仅集中体现政府对非市场化进行了重新分配，而且通常还会无偿地把一些财政的收入直接转给扶持的困难企业，那么被扶持者的企业收入相对来讲就会大幅度地增加，就会更直接地提高了企业的经济收益，完全改善了企业的经营模式。

一般来讲，政府补助的相关内容主要有以下三个方面：第一，改变企业财务状况，对企业亏损进行补贴，由于国有企业在改革的过程中，往往还会存在来自方方面面的负担，因此这些企业就经常会通过使用政府的经济补助形式，来达到其正常经营的效果；第二，税收补贴，主要包括退税、减免以及税收抵扣等方面，这几个方面属于间接性的补贴支出；第三，财政贴息、购买补贴与价格补贴、实物补贴、鼓励企业有技术创新补贴等，以上都属于政府补助的相关内容。

政府补助在经济中起到的重要作用体现在以下几个方面：首先，如何解决市场的失灵问题，因为通过政府补助，可以大幅度地增加社会对于公共产品的需求，通过对总需求与总供给进行调节，从而有效地实现二者之间的互相平衡。丁菊红、邓可斌（2014）研究认

---

① 姚明安、孔莹：《财务杠杆对企业投资的影响——股权集中背景下的经验研究》，《会计研究》2008年第5期。

为，政府补助所存在的核心意义，就在于可以大大地减少由于市场经济外部性问题而产生的对社会经济运行方面造成的不利影响，从而完成经济资源的配置①。那么，对于有些特殊的部门以及特殊行业来说，如果让其单独去依靠市场体制，就无法完成经济发展的自动调节，如果此时政府部门不采用积极的政策干预，那么这些特殊的企业就面临难以维持正常生产的窘境，导致无法提供正常数量的产品及经济效益，这样的结果最终会引起市场的混乱。而政府的积极参与，不仅可以有效地鼓励扶持这些产业的快速发展，还可以从宏观上对该产业的结构进行积极有效的调整，快速提升国民经济水平。其次，政府补助的作用还体现在国家的宏观经济政策以及科学技术的迅速发展上，可以更高效地去积极推动产业化结构的快速升级，真正实现维护经济稳定的目的。

第二节 财税政策的主要动机

对于那些财税政策动机存在的问题，有关经济学家对此研究的成果还是有一定科学依据的，不过研究的结果最终并不相同，有许多中国学者的相关研究结果证明，政府补助的动机最主要的是出自政治绩效的动机。例如为了让某些企业业绩表现优异，就很可能会有目的地去支持地方经济发展，比如多缴税收和安排就业，对一些亏损的上市公司采取政府补助来使其扭亏为盈等。何源等（2015）

---

① 丁菊红、邓可斌：《政府偏好、公共品供给与转型中的财政分权》，《经济研究》2014年第7期。

研究认为，从经济动机方面来考虑，政府补助完全可以成为主导社会经济效益的升与降、企业的亏与盈、社会未来的财政收入好与坏、财政收支平衡等的一种有效的方法①。政府补助的动机主要表现在以下几个方面。

（1）提升各地区的经济增长速度，从而有效地促进一定区域的经济发展。

各级地方政府往往都肩负着保持当地经济收入平衡等十分重要的责任，更是维持和把握区域经济的增长机构，而经济增长的快与慢又会与当地的居民生活水平有着十分密切的联系。经济学者阿图·埃克斯坦（2010）研究运用了美国相关经济数据，以此来证明当时政府采用减税给国民经济带来的影响，十年间，企业创收的所得税额降低到15%—30%，而政府对这些企业进行了投资以后，企业的股本却从15.5%提升到9.9%②。

在中国当地政府中，普遍存在追求经济快速增长的观念。大部分会把"如何快速提升经济发展的速度"作为首要的任务，各级政府同时也对快速发展的经济增长速度起着一定的作用。而投资的介入就会直接在经济增长的过程中，真正担任相当重要的角色，政府补助的参与，又更有效地促进各种投资的快速增长目标的完成，并在短期内让企业的经济得到有效提高。如果把政府补助也作为一种降低企业税负的方法，那么大部分的企业税率就会明显大幅度降低，这样就会引发和激励企业在投资方面下功夫。所以无论是从现实中还是理论上来讲，只要通过各级政府的参与及投入补助，必定

---

① 何源、白莹、文翘：《财政补贴、税收与公司投资行为》，《财经问题研究》2015年第6期。

② [美]阿图·埃克斯坦：《公共财政学》，中国财政经济出版社2010年版。

会促进各项经济的快速增长。

（2）稳定人员就业，保持当地的经济稳定。

各级政府的主要目标就是降低失业率，为了解决失业问题，提高人口的就业率，政府也陆续推出了不少相关政策。途东等（2012）研究认为，政府补助的投入就属于财政工具的一种方法，在某种程度上也会有效降低失业率[①]。政府往往会把重点放在能提供就业机会的企业里，优先对企业提供经济方面的帮助，政府补助的投入力度明显加大。

王凤翔和陈柳钦（2013）共同研究了将财政补贴投放到企业中会带来什么成绩以及其产生的影响效果，结果表明，企业从本质上就是要追求低成本的投放而获得高利润的产出。[②] 现在大部分企业可以提供就业机会，解决好再就业问题，杜绝或减少社会出现不安定的因素。所以，企业的兴衰与社会就业率、居民的收入、社会的安定等都有着一定的关联。那么出于维护社会稳定的目的，各地方的政府往往也会对提供就业岗位的企业进行经济补贴投入，企业会将这些政府补助作为政府对企业社会职能的一种奖励制度。Eckaus R.（2014）通过研究与实践证明了这样的结果，为了有效地防止企业出现倒闭以及职工失业率升高，目前政府补助已经成为经济提升的最有效方法，事实上政府补助也是降低社会失业率的一项优惠政策[③]。

（3）支持相关行业的发展，更多支持鼓励技术研究开发的动机。

[①] 途东、林高、杨丹：《政府补助、研发支出与市场价值》，《投资研究》2012年第9期。

[②] 王凤翔、陈柳钦：《地方政府为本地竞争性企业提供财政补贴的理性思考》，《经济研究参考》2013年第33期。

[③] Eckaus R., China's "Exports, Subsidies to State-Owned Enterprises and the WTO", *China Economic Review*, 2014, (17): 1-13.

伴随着全球经济一体化的不断发展，劳动力、产品等生产要素早已延伸到了世界各国，并相互自由交流。各地政府为了维持当地的各种产业发展，往往会在引导新产业发展的同时，有意识地去调整政府补助。在西方的有些政府部门，也会采取在一定时期用政府补助的方法去扶持那些特殊行业。近些年来，随着国际海关税率的下调，政府补助也对各种产业的投放进行了调整。如企业要在技术上进行研究或者进行创新技术的开发时，政府就会对其投放补助去扶持，而研究与开发对于企业来讲一定会对业绩效益有提升的作用。Gerd Sehwartz 等（2012）研究认为，企业研发的目的就是生产新产品，降低失业率，提升经济收入。倘若企业的发明创造被公开，就会引起被仿制侵权等问题，往往会给企业带来不利影响，这样就会造成企业缺少开发研究新产品的投资热情[1]。因此要想解决这些问题，政府就要在研究开发方面给予企业专门补贴。

（4）通过融资、保壳等盈余管理维护地区形象。

融资是资本市场存在的重要部分，在我国的证券市场上，融资本身就完全体现出了经济资源的一种划分。政府通常为了提高当地区域的经济收入水平，主动针对本地企业进行融资，支持企业达到股票上市的资格，即通常会帮助一些企业不断增发新股及配股。各级政府会十分积极地去帮助企业进行盈余管理，最有效的方法就是运用政府补助的优惠政策。上市公司的研究数据显示，中国证监会的融资制度催生了一些地方政府采取政府补助来更好地帮助上市公司创造更好的业绩。Mansfield（2005）研究认为，比较接近于融资

---

[1] Gerd Sehwartz, "Benedict Clements, Government Subsidies", *Journal of Economic Sueveys*, 2012, (2): 119 – 147。

底线的上市公司，或者是亏损的上市公司，也容易获得政府补助①。另外，政府还会利用税收等优惠政策，招商引进外地的企业来进行融资。周勤业、周长青（2015）的研究指出：非经常性损益项目会给上市公司的业绩带来不好的影响，如何调节利润，上市公司使用的方法就是运用非经常性损益项目，这种方法还往往会被微利、ST、PT的公司采用②。朱松、陈运森（2009）研究总结出这样的观点，即有些上市公司在出现连续亏损时，企业亏损越大，就越容易取得大量的政府补助，这时，政府补助的投入就会成为企业扭亏为盈的最有效的管理方法③。

现在我国的资本市场正步入快速发展的上升期，新会计准则也会伴随着资本市场有关政策变动而不断变动，企业运用政府补助达到扭亏为盈的动机也在不断发展。Jiao Chen（2013）的相关研究证明，运用政府补助的动机，就在于如何帮助企业去进行配股与融资，当企业的配股动机慢慢减少时，企业的扭亏为盈动机就会取得更好的效果④。唐清泉与罗党论（2014）研究指出，伴随着时间的不断推进，资本市场的政策也会慢慢更新，政府补助动机也会不断转变，此时就会更有效地推动经济的快速增长⑤。

---

① Mansfield, "How Rapidly does New Industrial Technology Leakout", *Journal of Industrial Economics*, 2005, (34): 217-223。

② 周勤业、周长青：《非经常性损益对沪市上市公司财务业绩影响研究》，《上海立信会计学院学报》2015年第1期。

③ 朱松、陈运森：《政府补助政策、盈余管理动机与上市公司扭亏》，《中国会计与财务研究》2009年第3期。

④ Jiao Chen, Chi-Wen Jevons Lee, Jing Li, "Chinese Tango: Government Assisted Earnings Management", *Journal of Accounting and Public Policy*, 2013, (12): 1-38。

⑤ 唐清泉、罗党论：《政府补助动机及其效果的实证研究——来自中国上市公司的经验证据》，《金融研究》2014年第6期。

第三节　财税政策对于公司创新投资的影响效果

目前，企业享受财税政策究竟会达到什么样的最终效果，一直存在巨大的争议。在不同企业、不同研究阶段、不同产业政策下，财税政策对创新效果的影响是不同的。

一　企业性质

1. 产权性质

白俊红（2011）提出对国有产权的偏好资助并不利于其创造更多的专利产出，反而会产生显著的负面效应。[①] 长期以来，受计划经济的影响，国有企业产权关系模糊、所有者缺位以及预算软约束等问题长期存在，这也使得其行为往往具有短期化的特点，创新激励不足。[②] 同时，与非国有企业相比，国有企业在获得政府 R&D 资助方面具有优势，也较为容易，这也可能使其并不关注政府资助的效率型利用，反而由于占用了较多的资助降低了行业整体的产出水平。

2. 企业规模

白俊红（2011）指出，无论是大企业还是小企业，对政府 R&D 资助均具有同样的吸收能力，企业规模并不影响对政府 R&D 资助的

[①] 白俊红：《中国的政府 R&D 资助有效吗？——来自大中型工业企业的经验证据》，《经济学》（季刊）2011 年第 10 期。

[②] 吴延兵：《自主研发、技术引进与生产率——基于中国地区工业的实证研究》，《经济研究》2008 年第 8 期。

吸收利用。大企业和小企业在利用政府资助方面各具优势。[①] 大企业实力雄厚，配套设施完善，人员素质也较高，这有利于其有效吸收利用政府的 R&D 资助。但小企业亦具有组织结构灵活、竞争压力大、创新动力强等优点，这些原因可能导致不同规模企业在吸收利用政府 R&D 资助方面并无显著差异。

李翠芝等（2013）认为，中小企业是技术创新的主力军，目前 70% 的中国专利技术和 83% 的新产品产值来自中小企业。中小企业在技术创新过程中有更大的融资需求。[②] 大型企业凭借规模优势，往往能够获得更多的融资资源来增加研发投资。相对于大型企业，中小企业由于自身信用不足，面临更多的资金、人才和技术约束，融资难始终是困扰中小企业发展的突出问题。中小企业获取资金和人才更多地借助于市场机制。而经济转型时期，市场机制的不完善加剧了中小企业在创新过程中面临的融资困难和人才短缺。中小企业常常面临着更高的融资成本，制约了中小企业进一步加大技术创新的力度。在这种情况下，政府对中小企业的财税政策优惠缓解了中小企业面临的融资约束，增强了中小企业加大研发投资的动力。相对于大型企业，政府对中小企业的财税政策优惠发挥了更大的作用。

二　补助方式

1. 政府补助

R&D 活动的强专业性和高保密性使外部资金供给者与研发企业

[①] 白俊红：《中国的政府 R&D 资助有效吗？——来自大中型工业企业的经验证据》，《经济学》（季刊）2011 年第 10 期。

[②] 李翠芝、林洲钰：《政府财税扶持对企业技术创新的影响研究》，《云南财经大学学报》2013 年第 6 期。

间信息更加不对称，外部投资者不愿意对其投资，银行会提高研发企业贷款利率以弥补信息不对称损失，从而使企业融资成本增加。在此情况下，企业收到政府补助后倾向于减少使用成本高昂的融资资金。同时，政府对研发活动的财政支持增加了整个行业对 R&D 投入要素的需求，抬高了其价格（李汇东等，2013），企业在收到政府补助后可能把之前不得不投入的研发资金抽取一部分，投入成本和风险更低、回报周期更短的其他项目。① 最后，如果政府对企业的研发资助项目是企业原本打算自己投资的项目，则也会促使企业减少 R&D 自主投资。② 李万福等（2017）研究发现，尽管政府创新补助与企业总体 R&D 投资正相关，但政府直接给予企业的创新补助每增加 1 单位，带来的 R&D 投资增量显著小于 1；随着政府创新补助的增加，企业 R&D 自主投资在减少。他们认为创新补助总体而言并未有效激励企业创新自主投资，存在挤出效应。③

2. 税收优惠

对比政府补助背后浓郁的政治色彩，税收优惠政策显得更为灵活，既能充分利用市场机制，又能激发创新主体的能动性，兼具广泛、公平、无歧视等特点，且普遍对研发投入起到了正向的影响作用。布卢姆等（Bloom et al.，2002）研究表明，在控制了国家特征、世界经济波动等因素后，税收减免对研发投资水平和研发强度都有明显促进作用。而与研发相关的税收优惠促进了整个社会的技

---

① 李汇东、唐跃军、左晶晶：《用自己的钱还是用别人的钱创新？——基于中国上市公司融资结构与公司创新的研究》，《金融研究》2013 年第 2 期。
② 解维敏、唐清泉、陆姗姗：《政府 R&D 资助，企业 R&D 支出与自主创新——来自中国上市公司的经验证据》，《金融研究》2009 年第 6 期。
③ 李万福、杜静、张怀：《创新补助究竟有没有激励企业创新自主投资——来自中国上市公司的新证据》，《金融研究》2017 年第 10 期。

术创新活动。程华（2006）分析了税收优惠和政府补助对企业研发活动的影响，认为税收优惠比政府补助更加普遍、公平和透明，而政府补助反应更加迅速、针对性更强。杨杨等（2013）采用创业板上市公司年报数据，研究发现企业所得税优惠政策明显促进创业板上市公司加大技术创新研发投入；高新技术行业的企业进行技术创新研发活动的动力更大，且创业板上市公司规模越大，这种激励越大。[①]

三 产业政策

从企业创新角度，研究产业政策的效果，可以考察产业政策能否促进产业优化升级的长期影响力。目前的文献并没有明确划分产业政策的类型，根据产业政策的工具和措施，国内外一般把产业政策划分为功能性产业政策和选择性产业政策（Lall，2001）。选择性产业政策通过政府选择鼓励企业进行创新，可能引发企业为了获得更多的补助而进行简单的创新，只追求创新"速度"和"数量"来粉饰表面的创新能力，帮助政府达到引导扶持企业创新的目标以提升政绩，是一种策略性创新。

功能性产业政策通过加强基础设施建设、支持研发投入和人才培养，为企业的技术创新提供有利的物质、资源、知识、技术和智力等条件，营造良好的保护环境，帮助企业克服各种不确定性的影响，使企业有足够的信心、动力和条件进行"高质量"的实质性创新。

四 研发阶段

根据系统科学的观点，强调技术创新是一个动态的、复杂的系

---

① 崔也光、姜晓文、王守盛：《财税政策对企业自主创新的支持效应研究——基于经济区域的视角》，《经济与管理研究》2017 年第 38 期。

统过程，包括新思想的产生、研制开发、试验和试产、批量生产、营销和市场化的一系列环节技术，其不同阶段具有不同的特点。财税政策对技术创新的各个阶段都有一定的激励作用，但在不同阶段起主要作用的具体政策是不同的：在研发阶段与成果转化阶段，财政支持与税收优惠都很重要，但研发阶段对财政支持更为敏感，而成果转化阶段对财政支持与税收优惠的敏感性大体相当；在产业化生产阶段，政府采购政策与税收政策具有重要影响，对政府采购政策更为敏感（邓子基等，2011）。

五 企业情况

1. 高科技企业

白俊红（2011）指出，行业技术水平越高，越有利于利用政府 R&D 资助创造更多的专利产出。高技术行业具有高研发投入、高创新性的特点，政府的 R&D 资助可以有效地降低高技术行业企业的研发成本和风险，提高研发积极性，从而也有利于其创造更多的新知识和新技术。李万福等（2017）提出，政府 R&D 补助对高科技企业 R&D 投资确实具有明显的杠杆效应，显著激励了其创新自主投资。

2. 内部控制状况

具有良好内部控制系统的企业，可有效缓解投资活动中的委托代理问题（李万福等，2011）。因而，内部控制较好的企业，R&D 投资活动面临的代理问题可能较轻，政府创新补助发挥了杠杆效应，激励了企业创新自主投资（李万福等，2017）。

3. 法制环境

经营法制环境是影响企业从事 R&D 活动的一个重要外部因素。正如经济学家张维迎在 2016 年世界经济论坛达沃斯年会上所言，创新是不可预测的，政府不可能给企业家指导，政府真正要做的就是创建一个公平的法制环境。Lin等（2010）也发现，产权保护环境是促进企业研发支出的重要因素。对处于经营法制环境较好地区的企业，政府创新补助能有效激励企业创新自主投资（李万福等，2017）。

第四节 文献评述

通过对学者们研究结论的梳理与回顾，可以了解到财税政策尤其是政府补助作为我国政府干预经济的重要手段，不仅对宏观的区域经济发展产生一定的作用，同时也在很大程度上影响着微观企业的行为和发展。对于财税政策对企业创新行为的影响，现有文献从不同的视角展开了研究，主要集中在对于不同的企业性质、不同的经营环境、不同的产业政策下政府的财政激励效果。研究结论百家争鸣、观点不一，这主要是由于研究背景的差异、企业所处的经济环境不同。对于我国，同创新驱动一样，区域经济一体化也是国家关注的焦点。我国的不同省份，如长三角地区、京津冀地区等，凭借各自独特的政治、地理和历史文化因素，逐渐拉动全国地区经济增长。各省份企业从事研发创新活动状况必然存在差异，即使他们有相同的创新补贴，其产生的效应也会因为省际差异而有所不同。因此，针对个别经济状况较好的省份的实证结果，对其他省份的现实指导意义不强，在研究财税政策和企业创新效果的关系时应细化区域。而现有文献较少针对这一方向展开研究。由此可见，基于省际差异的视角，研究国家财税政策的作用效果是十分有意义的。

第四章 财税政策对创新投资的现状分析

第一节 财税政策的现状分析

本章研究的重点,是对于中国上市公司的财税政策现状进行详细的统计和分析,阐述中国上市公司在经济转轨过程中,财税政策在行业分布、地区分布、企业性质分布等方面的差异,以探讨和研究目前上市公司财税政策的具体情况及其规律,从而为下文的研究内容进行铺垫。

第二节 财税政策的行业分布特点

当前我国正处在经济转型时期,政府主要依据整体的宏观经济态势加强政府调控,往往存在着较为明显的政策导向思路。主要表现是,一方面,坚持政策惠民的导向,通过不断加大对铁路、公路等公共事业类基础设施建设的投资,提高生活水平;另一方面,鼓励和支持企业的科技创新与研发,通过积极培育科技企业的自主创新能力,努力实现建立科技成果的产业化。此外,政策导向还包括国有经济在布局上的调整，以实现产业结构的不断优化升级，所以，政府会采取不断向每个重点行业的上市公司发放补助等形式，释放出政府补助政策的积极导向信号。因此，研究证明，政府补助的政策导向也总是会呈现行业差别的特性。

针对地方政府来讲，相当一部分经济政策就是有效地促进产业的转型，并且偏重优先发展特定的产业。决策依据必须符合地方经济的发展利益。该类政策要落到实处，就要在实施路径与作用形式上积极影响和提升企业盈利的预期[1][2]。并且，几乎各级政府都会积极地采用这一形式，达到实现政府政策落实的目的。

以财税政策中政府补助的情况为例。经对相关资料进行统计，从各年度分布来看，2008—2015年，上市公司每年度政府补助的总金额分别为384亿元、381亿元、400亿元、470亿元、564亿元、716亿元、924亿元、1194亿元（选取2008年后是因为当年发生国际金融危机，截至本书完成时，2016年上市公司年报未公布，故未统计该年数据），在此期间总共提供政府补助金额5033亿元。2008—2015年上市公司的政府补助总额的年度分布，如表4-1所示。

表4-1　2008—2015年上市公司的政府补助总额的年度分布

年度	政府补助金额（亿元）	政府补助企业总数（家）	平均补助金额（万元）
2008	384	1129	3401
2009	381	1529	2492
2010	400	1378	2903
2011	470	1922	2445

---

[1] 吕久琴：《政府补助影响因素的行业和企业特征》，《上海管理科学》2015年第4期。

[2] 陈晓、李静：《地方政府财政行为在提升上市公司业绩中的作用探析》，《会计研究》2016年第12期。

续表

年度	政府补助金额（亿元）	政府补助企业总数（家）	平均补助金额（万元）
2012	554	1646	3426
2013	716	2696	2656
2014	924	2701	3421
2015	1194	2740	4358

政府补助在总体上呈现稳步增长的趋势，其中2015年的政府补助相比于2008年，增长比例更是达到211%。2008—2015年上市公司的政府补助总额的年度分布如图4-1所示。

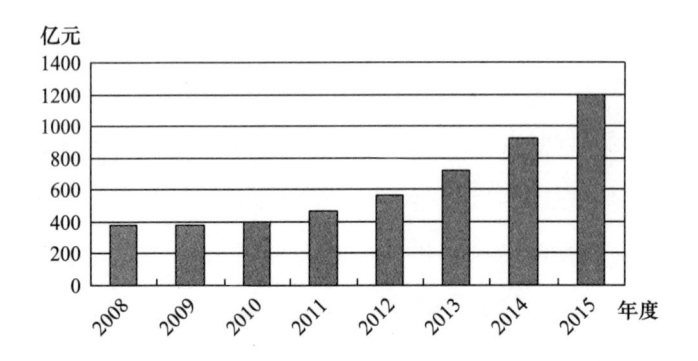

图4-1 2008—2015年上市公司的政府补助总额的年度分布

从上市公司平均接受政府补助的强度来看，2008—2015年上市公司的平均补助金额分别为3401万元、2492万元、2903万元、2445万元、3426万元、2656万元、3421万元、4358万元。其中仅2015年度，沪深上市公司所接受的政府补助强度，相比于2009年度，增加了74.9%，政府补助平均数高达4358万元。各年度上市公司的政府补助平均强度，如图4-2所示。

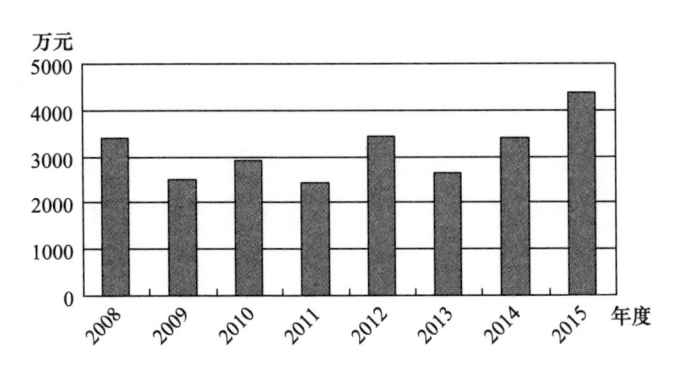

图 4-2 上市公司的政府补助平均强度的年度分布

从上述分布看,因为2008年的国际金融危机,上市公司的业绩受到巨大的影响,所以,各级政府均通过对上市公司的政府补助,来帮助其改善业绩状况。

此外,2008—2015年政府补助的上市公司总额构成分析显示,C7类行业,所得到的政府补助数额最高,达到973.4亿元,占政府补助全部支出的19.3%;其次是采掘业,然后是金属、非金属行业,煤气、电力和水的生产与供应等公共事业类行业,最后是仓储、交通运输业。2008—2015年度政府补助总金额的部分行业分布,如表4-2所示。

表 4-2　2008-2015 年度政府补助总金额的部分行业分布

行业划分	补助总金额（亿元）
C7类（仪表、机械、设备）	973.4
B类（采掘业）	751.2
C6类（金属、非金属）	638.0
D类（煤气、电力、水的生产与供应）	487.6
F类（仓储、交通运输）	395.6

从政府对企业的补助强度上分析发现,每一个行业在各个年度也有一定的变化,比如金融保险业以及房地产业、建筑业,在2009

年度和 2013 年度的政府补助总额较大,主要原因是房地产业、建筑业对于经济增长意义重大,而且金融保险行业更是有着重要的地位,出于维护金融稳定的作用,对其补贴和扶持的力度空前。

此外,公共事业类上市公司的政府补助力度也比较强,但是该类行业又大多表现为以国有企业为主,主要原因就是政府要承担公共产品和服务的重要职能,所以政府补助对于国有企业一直存在着特殊照顾。

上述研究结果说明,在政府进行补助决策时,通常会优先考虑发放政府补助到一些公共事业类上市公司,有着明显的行业导向性以及产权导向性特征。

第三节 财税政策的区域分布特点

以地区经济发展为视角,近年来,中国经济宏观调控的主要目标,就是要充分地发挥不同省市区的经济比较优势,并重点针对经济落后区域给予政策性的倾斜扶持,从而达到缩小差距的目的[①]。在改革开放后,中央政府就及时制定优先发展东部沿海城市经济的方针,也取得了丰硕的成果,但正是这个原因,导致了东西部经济发展方面的不平衡格局,而且差距越来越大。

从 2008—2015 年四大经济区的上市公司共获取的政府补助状况对比,八年期间东部、中部、西部和东北地区的地方政府提供给所属区域

---

① 安同良、周绍东、皮建才:《R&D 补贴对中国企业自主创新的激励效应》,《经济研究》2009 年第 10 期。

上市公司的总额分别为 2966 亿元、1009 亿元、699 亿元、349 亿元。从收到政府补助的平均数额对比，东部、中部、西部和东北部地区的平均补助金额分别为 371 亿元、126 亿元、87 亿元、44 亿元。上述数据表明，因为东部地区经济整体实力比较强，所以地方政府上市公司的总的政府补助金额明显地高于中部、西部和东北部地区，且规模空前。

从政府补助的增长率方面对比，不管是从政府补助总额，还是从政府补助的平均值增长率分析，我国东部省区的上市公司，其所获得的各项政府补助均要明显地高于其他区域（东部分别为 263%、195%，西部分别为 158%、122%），其主要原因在于，虽然地方政府均增加对上市公司的补助力度，但该区域政府补助力度又要明显受到地区经济的发展水平以及财政收入水平的限制，这毫无疑问地会持续加大不同区域的不平衡状态。上市公司政府补助总额在各个区域分布的差异，如表 4-3 所示。

表 4-3　　　政府补助总额在上市公司的区域分布状况　　单位：亿元

年度 区域	2008	2009	2010	2011	2012	2013	2014	2015
东部	324	263	280	279	315	394	488	623
中部	26	56	78	93	107	162	230	257
西部	24	40	24	68	93	108	136	206
东北	10	22	18	30	39	52	70	108

第四节　财税政策的企业性质分布特点

近些年来，我国对于国有企业总的改革方向，一方面，要继续强化国有企业改革力度，加快国有企业战略型的调整步伐，并扩大重点行业、重点企业的结构调整，有条件的积极实施资产重组；另一方面，要对非公有制经济进行大力支持，积极支持大量民营企业的发展①。在这样的大政策环境中，各地政府对于民营企业也通过政府补助的形式进行扶持，力度也逐渐有所加强。2008—2015年，国有、民营上市公司所收到的政府补助金额分别为3207亿元、1826亿元，分别占到政府补助总额的63.7%、36.3%。

每年度补助总额显示，从政府补助的产权属性对比，国有上市公司获得的政府补助金额明显比例较大，2008年达到334亿元，虽然总金额较之于2015年绝对值不大，但是在当年的政府补助比例上达到87.7%，相对于民营上市公司占绝对优势。不过近年来有逐年下降的趋势。民营上市公司获得的政府补助增加趋势正好相反。这也说明，近年来政府补助对于民营上市公司有所加强，政府对于民营上市公司的发展开始明显重视。研究年度内国有、民营上市公司政府补助金额及比例汇总对比，如表4-4所示。

表4-4　　国有、民营上市公司政府补助金额及比例汇总

年度	补助总额（亿元）	国有上市公司补助（亿元/%）	民营上市公司补助（亿元/%）
2008	384	334（87.7）	50（13）
2009	381	266（69.8）	115（30.2）
2010	400	259（64.7）	141（35.3）
2011	470	272（57.9）	198（42.1）
2012	564	395（70）	169（30）
2013	716	522（72.9）	194（27.1）
2014	924	536（58）	388（42）

---

① 胡旭阳：《民营企业家的政治身份与民营企业的融资便利——以浙江省民营百强企业为例》，《管理世界》2014年第5期。

续表

年度	补助总额（亿元）	国有上市公司补助（亿元/%）	民营上市公司补助（亿元/%）
2015	1194	623（52.2）	571（47.8）
汇总	5033	3207（63.7）	1826（36.3）

从各年度的政府补助均值对比，2008—2015年，国有、民营上市公司政府补助的平均值分别约为400.9亿元、228.3亿元，上市公司所获得的政府补助强度要显著高于民营上市公司。经过更深入的研究发现，央企所获得的各项政府补助又明显高于地方管辖国有企业。由此可以看出，目前国有上市公司仍然是政府补助的主体，即国有上市公司获得大部分的政府补助。与各年度上市公司政府补助相对应，民营上市公司所获得的政府补助相较于国有上市公司也在逐年递增，而且该趋势伴随着时间的推移也越来越明显。这一现象该做出何种解释？是否反映出政府针对国有与民营上市公司开始同样重视，并都给予公平的待遇？对于这个问题，尚需做进一步的研究和论证。国有和民营上市公司政府补助平均额分布，如图4-3所示。

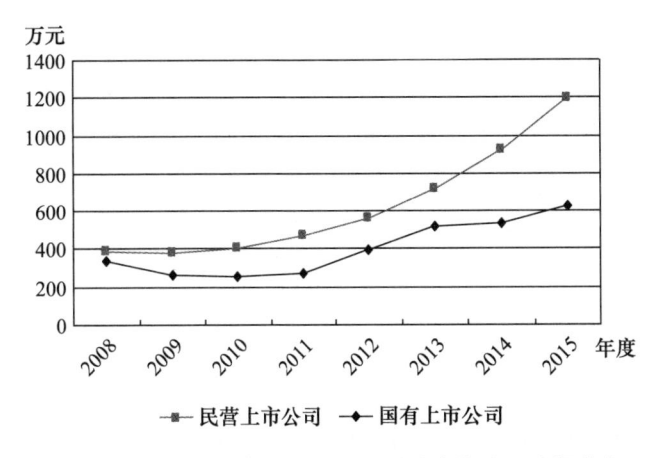

图4-3 国有和民营上市公司受到政府补助平均额分布

第五节　财税政策在 ST 上市公司的分布特点

为了确保资本市场的竞争态势，证监会也会通过设置 ST、PT 警示等相关的退市制度，一方面，保证了资本市场优胜劣汰和公平竞争的格局；另一方面，能更为有效地保护大量中小投资者的利益。但是上市公司通常又代表着各级地方政府的形象，故退市制度的实行很有可能让地方政府为了"保壳"而加大对 ST、PT 上市公司的政府补助力度[①]。近年来饱受公众质疑的政府补助的公正公平性问题，最重要的原因就是将政府补助列入营业外收入后，增加企业利润，结果使很多企业保住"壳资源"，从而继续大规模融资，损害投资者利益。

从相关数据的统计结果发现，2008—2015 年八年期间，其他上市公司已经获得的政府补助总额为 4723 亿元，占到政府补助总支出的 96%，但是 ST 上市公司所获得的政府补助为 310 亿元，仅占到政府补助总额的 4%，不过产生该现状的原因也是由于 ST 上市公司的数量本身比较少。这样，政府补助作为对一些 ST 上市公司进行盈余管理的重要工具，也通过这个手段使得长期亏损企业有效避免了被"ST"的命运。ST 上市公司与其他上市公司受到政府补助情况的对比统计，如表 4-5 所示。

---

① 沈晓明、谭再刚、伍朝晖：《补贴政策对农业上市公司的影响与调整》，《中国农村经济》2012 年第 6 期。

表 4-5　　　　　政府补助在 ST 上市公司和其他
　　　　　　　上市公司的分布状况对比　　　单位：亿元

年度	2008	2009	2010	2011	2012	2013	2014	2015
ST 上市公司	28	30	36	27	38	43	50	58
其他上市公司	356	351	364	443	526	673	874	1136
ST 占比	7.3%	8.5%	9.9%	5.7%	6.7%	6%	5.4%	4.9%

上表反映了 ST 上市公司与其他上市公司所收到的政府补助情况对比。结果表明，2008—2015 年，ST 上市公司所获得的政府补助总金额（比例）分别为 28 亿元（7.3%）、30 亿元（8.5%）、36 亿元（9.9%）、27 亿元（5.7%）、38 亿元（6.7%）、43 亿元（6%）、50 亿元（5.4%）、58 亿元（4.9%）。该项结果表明，ST 上市公司仅仅是获得一部分的政府补助，而且 ST 上市公司所获得的政府补助的比例，不但明显低于其他公司，而且明显出现了逐年下降的趋势。另外，结合 ST 上市公司自身的企业利润现状分析，可以得出这样的结论，即对于 ST 上市公司进行政府补助已经不再是支持其扭亏为赢、"保壳"目的所考虑的重要原因。所以，政府补助的盈余管理的预期已经出现明显的减弱现象。

第六节　本章小结

通过对中国上市公司受财税政策影响的情况进行统计分析，结果显示，从政府补助的行业分布上看，政府更加倾向于对公共事业类行业以及高新技术产业两类上市公司进行补贴；从政府补助的地区分布分析，政府补助的水平更加明显地取决于地方政府的具体财政收入，虽然对于西部地区的政府补助在力度上已经开始逐步加大，但是其增长的幅度并不显著，这必将进一步使区域经济发展不平衡状态加剧；从政府补助的产权性质方面观察，政府补助在民营企业方面力度出现明显提升，但是和国有企业相比，民营企业收到的政府补助明显偏低；从政府补助的总额以及均值分析，ST 上市公司所取得的政府补助并不是明显地高于其他类上市公司，说明通过政府补助来达到上市公司"保壳"的目的已经被大大地弱化。

第五章 财税政策对创新投资激励的实证研究

第一节 财税政策与创新投资概述

众所周知，投资问题属于一个企业的重大财务问题，投资策略在很大程度上也决定了企业将来的发展前景。所以投资决策等相关问题，一直受到企业财务管理领域研究的重视。但是必须看到，一个企业的具体投资行为，不但会受到其自身经济条件、认识能力等各方面的影响，而且经常受到一定政治经济环境的明显约束[①]。在改革开放以后，中国经济持续了30多年的高速增长势态，但是政府基本上都发挥着主导作用，在目前的市场经济转型期这个重要的过渡节点，政府部门通过政策引导而间接插手企业管理的意愿仍然非常强烈。所以，企业真正意义上的投资决策，往往表现为基于政府的外部干预而实施的"自主决策"。那么，政府补助这一政府干预行为，就很有可能会对企业的投资行为产生重大的影响。本章的主

[①] 步丹璐、郁智：《政府补助给了谁：分布特征实证分析》，《财政研究》2012年第8期。

要内容，将围绕财税政策对上市公司的创新投资方向的影响而展开研究分析。

伴随着有关媒体所披露的政府提供给有关企业的巨额补助，以及对国内和国外政府补助公正、公平性等问题表现的质疑，政府补助也被推向了讨论的前沿，越来越受到社会公众的广泛关注。政府补助在很多时候又成为中国贸易摩擦纠纷评价中的热点问题①。那么，如何来应对这方面的质疑和挑战？这就要求合理地评价政府补助的主要动机和补助效应，针对这个问题的深入探析，将非常有利于重点研究财税政策对于一些企业创新投资方向所产生的影响，并且有利于监督和跟踪财税政策的真实效果。进一步地考察这个结果，必将为政府补助资源的合理配置提供更有价值的实证数据。此外，在巨额经济刺激背景下，政策的出发点通常就是希望刺激有效投资以摆脱经济的低迷，并且继续保持经济增长的速度，从第三章总结的上市公司收到政府补助呈现逐年增长的现象，我们基本推测出这样的观点：政府补助既然带给企业额外的收入，那么在接受了政府补助后的有关企业，是否会对于政府提高经济增长的需求置若罔闻？比如，会不会主动地减少对外投资，而通过不断扩大规模性投资、固定资产投资的方式，为地区的经济增长提供强力支撑？关于这种推断假想，在目前还没有系统深入的相关研究，但是又直接地影响到了对政府补助效率的跟踪评价和考察。

纵观以往相关财税政策研究的角度，基本上都是从委托—代理和信息不对称等方面或者是通过自由现金流量等会计理论去论证和

---

① 余明桂、回雅甫、潘红波：《政治联系、寻租与地方政府财政政策有效性问》，《经济研究》2010年第3期。

第五章　财税政策对创新投资激励的实证研究 / 43

解释某些企业的具体投资行为。但是又必须看到，企业的投资行为经常会受到政府决策的影响，这已经是一个不争的事实。政府行为的这一外在因素，要控制或者影响企业的投资行为，就必须借助财税政策等外生变量，通过明显改变企业的投资效用函数而改变验证结果[1][2]。从这个思路进行延伸，财税政策和企业的创新投资行为之间很有可能存在着密切的联系。所以，探究与剖析财税政策和企业的创新投资行为之间的联系，就会对本书最终研究成果发挥决定性的作用。而地方政府出于各种考虑的利益动机，往往会通过政府补助的提供对受补助企业的创新投资行为进行间接的干预和影响。

需要进一步研究的是，地方政府在进行政府补助等相关经济决策时，是怎样分别对不同行业、不同类型的企业投资行为发挥作用的。本书着重将财税政策的投资激励作为研究视角，以此来探讨问题之所在，并考察财税政策对于企业微观行为、投资方向的具体影响。本章将主要对地方政府的行为逻辑进行理论分析，并提出研究假设，再构建科学的实证检验分析模型，进行相关性检验，并进行稳定性测试。

第二节　关于政府干预企业创新投资的观点分析

中国的投资高速增长问题，长期以来属于政府决策层以及理论

---

[1] 魏明海、柳建华：《国企分红、治理因素和过度投资》，《管理世界》2016年第4期。

[2] 谭劲松：《政府干预与不良贷款》，《管理世界》2012年第7期。

界普遍关注的热点性问题。本书所研究的重点是财税政策对企业创新投资激励的影响，这类行为在很大程度上取决于企业自身所处的政治经济环境，这些将可能对企业的投资决策产生重大的影响。Qian（2013）等相关研究表明，要想深入理解中国经济的发展模式，政府的经济利益取向和动机属于关键性内容①。而要全面地理解政府对于企业投资方向的影响，就一定要考察政府的核心角色定位，并且研究据此发生的对企业投资决策的引导作用。在我国当前的市场经济发展阶段，地方政府管理目标函数应当包含代理者、管理者以及公共产品提供者三个方面的具体利益及客观要求。

杜兴强等（2015）研究认为，中国经济转型条件下，受财政分权体制的影响，地方各级政府将政策性资源向有利于政府绩效考核的方向进行倾斜。而财政收入的增长与政绩考核这两个方面的激励，又会滋生地方政府在经济投资方面的强烈动机。加之财政分权体制把本来就属于中央财政管理的权限下放到各级地方政府，那么地方政府就完全有条件也有能力通过特定的政府行为去积极推动本地区的经济快速增长②。必须看到，财政分权虽然提高了地方政府经济发展的干劲，但是存在着较大的负面效果：地方利益出现无限制的膨胀，就很容易形成片面地追求某一区域经济增长的动机，虽然这种形式的地方经济也可能会得到暂时性的快速增长，但是在长期看来，却很有可能对宏观经济的健康良性发展十分不利。

如上述研究发现，政府存在着推进当地经济增长的强烈动机，

---

① Qian Y, Roland G., "Federalism and the Soft Budget Constraint", *American Economic Review*, 1998, 88 (5): 1143 – 1162.
② 杜兴强、陈谧慧、杜颖洁：《寻租、政治联系与真实业绩——基于民营上市公司的经验证据》，《金融研究》2015 年第 10 期。

但是要达到这个目的，一方面，要依赖于政府的直接投资，比如重点投资交通（公路、铁路）、基础设施及公共工程等领域；另一方面，就是通过各类政策来推动区域内每个企业利润的增加，以增加税收收入。但是，如何去积极推动企业的快速发展呢？如何使企业的经营决策和地方政府的发展意图节拍一致？这些很大程度上依赖于政府决策的暗示或者引导信号，即要通过明显的信号传达给相关的企业，提示其行为内容和行为方法[1]。当前阶段，鉴于政府在政企关系中的优势位置，积极干预企业的行为，也成为地方政府真正实现自身利益的当然选择和重要路径[2][3]。此外，相关研究还采用了博弈论等方法，集中研究了政府补助和税收机制、企业决策行为之间的密切关系，在此基础上提出了政府会在一定的范围之内，通过运用税率调整以及政策补助等手段和方式，去积极引导相关企业的经营行为等研究结论[4]。所以，财税政策很有可能成为政府干预企业经营的重要的政策工具和手段，可能会通过对政府资源的再分配，达到改变预期的目的。

众所周知，要促进经济的增长，最为有效、最为直接的方法就是投资拉动，地方政府由于种种原因，通常情况下不会去真正考虑投资的最终产出效果，也不会真正重视投资的长期经济回报。采用的方法往往是通过干预相关企业的投资决策产生有目的的影响，进而去引导企业投资的偏好及结构。可以说，当前地方政府的投资积

---

[1] 郝颖、刘星：《政府干预、资本投向与结构效率》，《管理科学学报》2011年第4期。

[2] 王永钦：《大转型：互联的关系型合约理论与中国奇迹》，上海人民出版社2015年版。

[3] 刘浩：《上市公司政府补助的会计规范》，《证券市场导报》2012年第7期。

[4] 王文剑、覃成林：《地方政府行为与财政分权增长效应的地区性差异——基于经验分析的判断、假说及检验》，《管理世界》2014年第1期。

极性，一定程度上就体现在把经济增长作为绝对导向①。所以，出于实现经济增长的目的，地方政府完全存在着对于企业资产投向进行积极干预的基础。

第三节　研究假设

如前文所述，固定资产投资可以给经济增长带来"短平快"等直接影响，并且由于无形资产投资有着投入大、风险高的特征，根本难以符合地方政府短期内实现经济快速增长的施政目标。另外，因为资源的有限性，在财政积累较为落后的经济欠发达地区，地方政府很有可能会干预和引导企业行为，使其将资金集中投入行业关联度大、产业链长和经济增长见效快的固定资产方面②，而不太愿意鼓励企业将资金投入无形资产以及技术投入等方向。Shapiro 等（2008）从风险学视角，深入剖析政府积极干预企业投资结构的主要原因，即在资本较为稀缺的国家，本来可投资领域较多，且不受政绩考核影响，故不但可以进行固定资产投资，还可以进行无形资产投资等③。但是因为科学技术创新有着很大的不确定因素，且要承担很大的风险，所以为了实现经济的增长，并且为降低资本投入损失的风险，作为地方政府，很难做到支持企业加大无形资产投

---

① 罗党论、唐清泉：《政治关系、社会资本与政策资源获取：来自中国民营上市公司的经验》，《世界经济》2015 年第 7 期。
② 潘越、戴亦一、李财喜：《政治关联与财务困境公司的政府补助——来自中国 ST 公司的经验证据》，《南开管理评论》2013 年第 5 期。
③ Lee, Jong W., "Govemment Interventions and Productivity Growth", *Journal of Economic Growth*, 2006（5）：2-33.

资。基于上述理论,本书提出了如下4个假设。

假设1:其他条件不变,财税政策和企业的固定资产投资水平呈正相关关系。

假设2:其他条件不变,财税政策和企业的无形资产投资水平呈负相关关系。

上述假设1和假设2,就是前文所提到的政府补助投资激励与资本投向激励两个假说。在通常情况下,企业只有和政府部门建立起来良好的关系,才能实现协调性的互动互联。一方面,受政府补助企业可以切实为地方政府的经济增长、税收、改善劳动就业率等问题提供积极支持;另一方面,地方政府不断通过政府补助、债务担保、财政税收大幅优惠等不同的形式给予支持。在这种情况下,政府与企业也就构建了一种互利、互惠的关系型契约。

同时,周黎安等相关的研究结果证实,政府的绩效考评很多情况下,主要是考察其相对的经济绩效。在这样的考评机制下,地方政府过于关注当地经济增长的速度。因为若一个地区的经济发展增速过于缓慢,就很有可能会影响到政绩[1]。从这个角度,基本可以做这样的推断,即经济增长的速度越是缓慢的地区,其地方政府就越具有推动本区域内企业各项投资的动机,此外,才考虑如何实现当地税收增加和劳动就业率提升等基本的政策性需求。而对于经济发展增速较快的一些区域,政府补助在促投资以及谋增长方面的积极性就会相对弱化。

众所周知,企业投资可以分为企业对外投资与内部投资。对外投资是指企业间接地投资到其他的经济主体,主要表现形式是运用

---

[1] 周黎安:《中国地方官员的晋升锦标赛模式研究》,《经济研究》2014年第7期。

长期的股权投资,以及其他形式的金融资产投资,来达到投资收益的目的。内部投资主要表现为直接采购生产经营所需的具体投资行为,内容上包含固定资产等长期性的资产投资等。若探究政府补助的目的,主要是鼓励企业通过扩大投资规模,创新研发新产品,进而去推动经济的快速增长,那么企业在加强对外投资等方面,鉴于间接投资和委托投资的特质,显然和地方政府的经济增长目标利益驱动的步调不很一致,难以取得效果。

如果是较为成熟的市场竞争,不同的经济地区虽然可能会存在一定的竞争性,但是若相互合作有助于促进双方的发展需要,就可能会出现双方谋求合作以实现双赢的局面。但是在经济增长的竞争中,每一个地区一般并没有合作激励的要求[1]。因此,基于这类竞争的需求,通常地方政府会想方设法地去封锁本地经济,严格防止本地资源外流。而要实现这个最终目标,政府对外要积极扩大招商引资力度,各方面争取资金支持,对内又要尽可能限制本土企业到外地投资,这样的做法,就必然形成各自为政、市场严重割裂等局面。而在限制本地资本流向等方面,地方政府往往基于本位主义,会利用政府补助加以调节,支持和鼓励企业重点在本地进行扩张性投资。企业如果洞察到政府的这个意图,则其对外投资行为或者规模必然会出现大幅度的降低。所以,在本地区的扩大投资行为,也就成为地方政府必然、合理的努力方向。

此外,还应当看出,企业的税收属于地方政府财政收入中最为重要的来源。在现有的财政分权体制下,某一个地区若无充足的税

---

[1] 周洪波:《实施长江经济带发展战略的税收政策及配套措施研究——基于上游地区产业转型升级的分析》,《税收经济研究》2017年第4期。

收，就根本无法加大基础设施建设投资，进而要确保经济的快速增长就难以真正实现[1][2]。如果企业转移了投资方向，那无疑会造成当地财政收入的锐减和劳动就业率的降低。这样的结果反而会最终损害地方政府的根本利益。所以，地方政府一定会想方设法地挽留企业投资而防止资源出现外流现象。这时候，政府补助也就俨然成为地方政府防止本地企业投资方向发生转移的重要手段之一。而得到了政府补助的企业，一般也会"主动"积极地减少其对外投资的水平，反而会加大对内投资的规模，特别是固定资产的投资，以此来配合地方政府经济增长任务的完成。

基于上述的理论分析，本书另外提出下列两个基本假设。

假设3：其他条件不变，政府补助和企业的对外投资水平会呈现负相关关系。

假设4：在经济增长速度越是缓慢的地区，政府的干预欲望就越强烈，政府补助对企业固定资产的投资正向关系敏感性越强。

第四节　研究设计

一　研究样本确定与数据选择

本书选取了2008—2015年沪深证券市场的上市公司为主要的研究样本。选取的样本自2008年开始，主要原因是在2007年新会计

---

[1] 胡绪华、徐骏杰、马诗萌：《财税政策对长三角地区高技术产业空间结构优化效应研究》，《科技管理研究》2017年第12期。

[2] 陈远燕、何明俊、冯文芸：《中关村鼓励创新税收优惠政策效果评估——基于双重差分模型的实证分析》，《税务研究》2017年第10期。

准则实施之后,针对政府补助的财务信息处理及披露也更为规范,这样能够保证研究样本各项数据的同一性。为了确保研究样本数据的有效性,本书对所选样本进行了严格的筛选,主要的选择标准如下:(1)因为财务数据含义上的不同,并且基于本书的研究内容与目的,研究数据剔除了上市公司中的金融类保险企业;(2)为了确保研究样本处在相同的市场经济环境下,研究样本剔除了发行B股和H股的上市公司;(3)本书又剔除了ST及非ST、PT状态的公司,因为其投资决策和正常经营的上市公司明显存在差异;(4)样本还剔除了所需财务数据信息缺失的上市公司。样本实证检验研究上市公司的财务数据,均来源于锐思数据库和CSMAR数据库,行业的分类具体参照2001版《上市企业行业分类指引》(标准版),最终获得了8625个上市公司研究样本。并采用Excel2003和Stata 12.0数据处理及分析软件进行统计分析。

二 模型和变量

为了检验上文所提到的理论假设,本书采用基本检验模型(5-1)来进行检验。

$$I = \alpha_0 + \alpha_1 SUB + \alpha_2 INDEX + \alpha_3 GDP + \alpha_4 PC + \alpha_5 SOE + \sum CONTROL + \xi \qquad (5-1)$$

本模型中的自变量,均是滞后一期才进行数据处理,为了简化算式,省略了时间下标 $t-1$,将CONTROL定义成为控制变量组。本书采用数据滞后一期才进行处理的原因,主要是为了避免同一期数据所导致的内生性,同时因为政府补助的时间也大多数都是发生于同一会计年度以内,它对于企业投资所产生的影响,通常不会在本期就有立竿见影的效果,所以,选择滞后一期的变量进行处理更加合理、适宜。

因变量 I 的具体值为 LA-I、FA-I 和 EX-I，分别用以表示无形资产、固定资产以及对外投资的投资水平。本书参考相关的研究，把本期所增加的无形资产和总资产之比确定为无形资产的投资水平（LA-I），把本期所增加的固定资产和总资产之比确定为固定资产的投资水平（FA-I），把本期所增加的对外投资和总资产之比确定为对外投资水平（EX-I）。在对外投资的数据计算方面，参考潘越等研究者的相关成果，即使用交易性金融资产与可供出售金融资产以及持有到期的长期投资、长期股权投资等数据之和来进行最终确定[①]。上述计算公式的每一个因变量，在本期所增加的投资值，均来源于国泰安上市公司数据企业报表中所附注的企业长期资产项目的相关说明。

政府补助（SUB）变量，使用政府补助/总资产来进行计算，这样基本能够有效避免因规模而造成的差异。为了实现数据计算的稳健性，本书同时采用了政府补助数据的自然对数（即 lnSUB）实施回归检验。上市公司所获得的地方政府补助，将反映在企业利润表内的营业外收入一项。

政府干预程度（INDEX）变量，使用了樊纲等（2009）所编制的各个地区"减少政府对于企业的干预"指数[②]，将其作为政府干预指标的替代变量。该项指标属于反向指标，即指数越低，政府干预企业投资行为的程度就会越强。

地区经济增长（GDP）变量，表示本期经济增长的水平。

[①] 潘越、戴亦一、李财喜：《政治关联与财务困境公司的政府补助——来自中国ST公司的经验证据》，《南开管理评论》2013年第5期。

[②] 樊纲、王小鲁、朱恒鹏：《中国市场化指数——各地区市场化相对进程2009年度报告》，经济科学出版社2009年版。

政府关联（PC）变量，来源为手工收集，主要参考了潘越和余明桂等研究的做法，即若企业的高管曾经担任过政府的官员，则取值为1，否则取值为0。该项数据采集均来源于企业治理数据库。

产权性质（SOE）变量，表示企业的性质，该性质参考企业的实际控制人属性，把上市公司分为国有控股以及非国有控股两类，如果属于国有控股企业，则取值为1，否则取值为0。

依据已有的相关研究，本书选择企业现金流（FCF）、企业成长性（GROWTH）、企业营利性（ROA）、企业规模（SIZE）以及代理成本（AC）等特征变量，设定为其他项目的控制变量。各个变量的具体说明和定义，如表5-1所示。

表5-1　　　　　　主要变量的定义以及相关说明

变量名称	变量简称	解释定义
无形资产投资	LA-I	本期无形资产的增加额/总资产
固定资产投资支出	FA-I	本期固定资产的增加值/总资产
对外投资	EX-I	本期对外投资的增加额/总资产
经济增长	GDP	本期经济增长的增长率
研发投资	R&D-I	本期研发投资总支出/总资产
政府补助	SUB	本期的政府补助/总资产
产权性质	SOE	国有控股的取值为1，否则取值为0
政府关联	PC	高管曾经担任政府官员的取值为1，否则取值为0
政府干预程度	INDEX	选取自樊刚等设计的《中国市场化指数》（2011版）
企业规模	SIZE	总资产的自然对数
负债程度	LEV	资产负债率
代理成本	AC	管理费用/营业收入
企业成长性	GROWTH	托宾Q=（普通股指数×每股价格+负债账面价值）/总资产
投资回报率	ROA	资产报酬率
企业现金流	FCF	经济活动所产生的现金流/公司总资产

主要变量的相关描述性统计结果,如表 5-2 所示。

表 5-2　各样本主要变量的相关描述性统计结果分析

Var	Obs	Std. Dev.	Mean	Max	Min
LA-I	8625	0.019	0.006	0.128	-0.012
FA-I	8625	0.060	0.0317	0.289	-0.437
EX-I	8625	0.104	0.059	0.561	0
R&D-I	8625	0.004	0.001	0.034	0
SUB	8625	0.006	0.003	0.038	0
lnSUB	8625	6.239	12.701	23.49	0
Var	Obs	Std. Dev.	Mean	Max	Min
PC	8625	0.498	0.500	1	0
SOE	8625	0.499	0.511	1	0
INDEX	8625	2.080	9.098	11.79	0.039
GDP	8625	0.049	0.172	0.339	0.005
LEV	8625	0.207	0.458	0.974	0.040
AC	8625	0.064	0.600	0.437	0.008
GROWTH	8625	10138	1.915	7.489	0.840
ROA	8625	0.057	0.048	0.219	-0.162
FCF	8625	0.113	0.054	0.414	-0.315

第五节　实证结果和分析

一　政府补助对企业投资方向所产生的影响

本书首先需要验证政府补助对上市公司的投资行为是否会产生显著的影响。本模型的回归结果数据,如表 5-3 所示。

表 5-3　　　　　　政府补助与企业投资方向的回归结果

Var	FA-I Reg1	FA-I Reg2	LA-I Reg3	LA-I Reg4	EX-I Reg5	EX-I Reg6
SUB		0.2861**		-0.0790*		-0.6425
		(2.26)		(-1.76)		(-3.40)
lnSUB	0.0004*		-0.0000		-0.0004**	
	(1.95)		(-0.13)		(-2.48)	
LEV	-0.0079*	-0.0082*	0.0017	0.0016	0.0552***	0.0549***
	(-1.65)	(-1.75)	(0.93)	(1.01)	(8.69)	(8.57)
GROW	-0.0011	-0.0012	0.0001	0.0001	0.0089***	0.0090***
	(-1.44)	(-1.54)	(0.66)	(0.66)	(7.30)	(7.38)
SIZE	0.0013*	0.0017**	-0.0003	-0.0005	0.0155***	0.0146***
	(1.65)	(2.09)	(-1.19)	(-1.18)	(13.17)	(12.69)
ROV	0.790***	0.0764***	0.0175**	0.0163***	-0.0098	-0.0057
	(4.49)	(4.35)	(2.79)	(2.64)	(-0.40)	(-0.23)
AC	-0.0076	-0.0109	0.0024	0.0069	0.1956***	0.2000***
	(-0.60)	(-0.080)	(0.49)	(0.37)	(10.99)	(11.25)
FCF	0.0159*	0.0160**	0.0030	0.0027	-0.0708***	-0.0745**
	(2.01)	(2.05)	(1.04)	(1.01)	(-6.59)	(-6.67)
INDUST	control	control	control	control*	control	control
YEAR	control	control	control	control	control	control
cons	0.0105*	0.0048	0.0127*	0.0121*	-0.2839***	-0.2823***
	(0.54)	(0.29)	(1.79)	(1.76)	(-10.95)	(-10.48)
N	8625	8625	8625	8625	8625	8625
R^2	0.0569	0.0538	0.0259	0.0265	0.1180	0.1191
F	10.0509	10.1001	4.3956	4.5110	30.5720	29.9013
P	0.0000	0.0000	0.0000	0.0000	0.0000	0.0000

注：本表括号内的数值均为 t 值，*表示 $p<0.10$，**表示 $p<0.05$，***表示 $p<0.01$。

表5-3当中的Reg1列与Reg2列，主要显示的是政府补助对于固定资产的投资水平产生影响的检验结果。数据显示，伴随着上市公司获得的政府补助数量的增加，企业固定资产的投资（FA-I）也出现增加；Reg3列和Reg4列主要显示的是政府补助对企业无形资产的投资（LA-I）所产生的影响，SUB回归系数在10%水平位置结果显著为正值，但lnSUB的系数值小于0，为负数，并不显著，无法证明政府补助的金额越多则其无形资产的投资水平会越低的论断。Reg5列与Reg6列中，SUB的系数是-0.6425，在1%的水平下显著，说明：上市公司获得政府补助金额越多，它对外投资的水平（EX-I）就会明显越低。从该结果可以看出，政府补助手段对企业投资存在着明显的诱导作用，收到政府补助的企业，在加大其固定资产的投资力度的同时，也明显地收缩了其对外投资的额度，这样企业就会把更多的资源及精力放到内部投资的扩张方面。这也充分说明，获得了政府补助的上市公司，客观上也满足地方政府在投资扩张方面的基本需求。

前文的分析已经指出，企业所建立的与政府之间的关联，很有可能会有利于从政府获得额外的补助与利益，而在不同市场化进程的地区，政府对企业的干预程度也有着明显的差异。所以，本节在模型（5-1）的基础上，又继续增加政府关联（PC）和政府干预程度（INDEX）以及地区经济增长（GDP）等相关的控制变量，然后按模型5-1进行回归结果分析。在加入其他控制变量以后的政府补助和企业投资方向的回归结果，如表5-4所示。

表 5 – 4　　加入其他控制变量以后的政府补助和企业投资方向的回归结果

Var	FA – I Reg1	FA – I Reg2	LA – I Reg3	LA – I Reg4	EX – I Reg5	EX – I Reg6
SUB		0.3031**		-0.0865*		-0.6520***
		(2.40)		(-1.97)		(-3.97)
lnSUB	0.0002***		0.0001***		-0.0005***	
	(2.16)		(-2.09)		(-2.79)	
PC	0.0028*	0.0035*	-0.0001	-0.0001	-0.0069***	-0.0069***
	(1.92)	(1.91)	(-0.26)	(-0.29)	(-2.98)	(-3.00)
SOE	-0.006***	-0.006***	-0.002***	-0.002***	0.0189***	0.0189***
	(-3.75)	(-3.77)	(-4.58)	(-4.60)	(7.50)	(7.49)
INDEX	-0.0005	-0.0005	0.0003	0.0002	0.0026***	0.0026***
	(-1.35)	(-1.33)	(1.14)	(1.18)	(4.10)	(4.08)
LEV	-0.0070	-0.0075	0.0001	0.0001	0.0024***	0.0024***
	(-1.45)	(-1.48)	(-0.75)	(-0.81)	(-9.09)	(-8.97)
ROA	0.0718***	0.0702***	0.0139***	0.0136***	0.0055	0.0089
	(4.05)	(3.88)	(2.24)	(2.09)	(0.23)	(0.41)
SIZE	0.0025***	0.0027***	0.0000	0.0001	0.0129***	0.0124***
	(2.70)	(3.16)	(0.09)	(0.20)	(10.84)	(10.29)
AC	-0.0085	-0.0108	0.0019	0.0014	0.2001***	0.2036***
	(-0.65)	(-0.89)	(0.47)	(0.30)	(11.29)	(11.48)
FCF	0.0160***	0.0165***	0.0029	0.0028	-0.0734***	-0.0735***
	(2.01)	(2.08)	(1.16)	(1.16)	(-6.83)	(-6.84)
cons	-0.0140	-0.0188	0.0054	0.0043	-0.2512***	-0.240***
	(-0.65)	(-0.89)	(0.70)	(0.59)	(-8.77)	(-8.36)
N	8625	8625	8625	8625	8625	8625
R^2	0.0615	0.0616	0.0298	0.0296	0.1280	0.1291
F	9.5716	9.5974	4.5497	4.6705	30.1759	29.9603
P	0.0000	0.0000	0.0000	0.0000	0.0000	0.0000

注：本表括号内的数值均为 t 值，*表示 $p<0.10$，**表示 $p<0.05$，***表示 $p<0.01$。

表 5-4 显示，政府补助对于固定资产、无形资产的投资水平以及对外投资的程度所产生的影响基本一致，说明，在考虑到政企关系和各个地区市场环境以及经济发展程度的差异时，本书所列的假设 1 与假设 3 的结论仍然保持稳定，这也反映了政府补助已经普遍性地影响到了样本企业投资的方向。

从上述的其他变量进行分析，政府关联（PC）变量对于企业固定资产的投资水平呈现正向影响，而对于企业无形资产的投资水平以及对外投资水平却呈现负向影响，结果对企业所采取的投资方向的影响以及政府补助（SUB）基本一致。上述结果还显示，政府干预程度（INDEX）变量属于负向指标，因为该数值越大，则政府对企业的干预程度就越低；Reg5 列和 Reg6 列结果表明，INDEX 和企业对外投资（EX-I）有显著性的正相关，这表明政府干预企业的程度越高，则企业对外投资的水平越低。与政府关联（PC）系数结合，就能够发现：政府干预对于企业固定资产投资的正向影响，以及其对于企业对外投资水平的负向影响，充分说明了政府补助追求经济增速的行为动机。若将政府关联（PC）变量与政府补助（SUB）变量都看作政府干预的代理变量，则该结果也证实了政府干预已经显著地影响到了企业的投资方向。

二 经济增速对政府补助与固定资产投资水平关系的影响

为了验证假设 4 的论断，在模型（5-1）中，本书加入 GDP-d×SUB（GDP-d×lnSUB）交叉项，选取各个省区的经济增长速度的中位数作为标准，把样本分成经济增速低和增速高两类，把增速高的样本定义取值为 1，增速低的样本定义取值为 0。并且，又构建了 GDP-d 的虚拟变量。经济增速不同的地区，其政府补助对于固定资产投资水平的影响模型回归结果，如表 5-5 所示。

表 5-5　　经济增速不同的地区政府补助对于固定资产投资水平影响的回归结果

变量	FA-I Reg1	FA-I Reg2
SUB		0.5984*** (3.30)
GDP-d × SUB		-0.7392*** (-3.54)
lnSUB	0.0004*** (3.10)	
GDP-D × LNSUB	-0.0002*** (-2.50)	
SOE	-0.0047*** (-3.28)	0.0049*** (-3.10)
GDP-d	-0.0539** (-2.18)	-0.0504** (-2.10)
LEV	-0.0045 (-0.96)	-0.0042 (-0.93)
GROWTH	0.0020** (-2.54)	-0.0021*** (-2.95)
ROA	0.082*** (4.67)	0.082*** (4.65)
AC	-0.0121 (-1.00)	-0.0160 (-1.23)

续表

变量	FA – I Reg1	FA – I Reg2
FCF	0.0159**	0.0173***
	(2.19)	(2.37)
INDUST	yes	yes
YEAR	yes	yes
cons	0.0315***	0.0348***
	(3.25)	(3.62)
R^2	0.0599	0.0610
F	18.869	18.3293
P	0.0000	0.0000

注：本表括号内的数值均为 t 值，* 表示 $p<0.10$，** 表示 $p<0.05$，*** 表示 $p<0.01$。

从上述结果可以看出，SUB 与 lnSUB 的系数仍然显著为正值，且 GDP 系数也显著为正值，这说明，经济增长的速度越快，固定资产投资的水平越高。而交叉项 GDP – d × SUB 系数显著为负，又说明，经济增速较快的地区，政府补助对企业固定资产投资水平产生的影响越弱，该结果支持了假设 4，也充分证实在经济增长导向基础上政府补助的动机。

此外，为了检验在产权性质不同的情况下，政府补助对于企业投资方向产生的影响是否存在着明显差异，本书在实证模型中，另外引进交叉项 SUB × SOE，并且进行回归，其结果表明，交叉项 SUB × SOE 系数也不显著（具体回归结果省略），故没有相关的证据来证明不同产权性质下，政府补助对企业的投资方向产生的影响存在显著的差异性。

三 稳健性测试

为了增进本书研究的稳健性，在计量方面，本书使用调整异方差方法进行稳健回归（robust），此外在模型回归的时候，又同时采用 lnSUB 和 SUB 两个变量来评价政府补助的强度，以此来证实结果的一致性。

本书运用人均经济增长作为经济增长的代理变量，针对模型进行回归，主要的结论显示没有发生实质性的改变。又考虑到公司治理可能会对于企业投资的影响（姜付秀等，2015）[①]，模型对企业治理状况做了进一步的控制，比如第一大股东的控股（TOP）、独立董事的比例（INDIR）等，实证结果也基本没有变化。由于本书所选取的是投资激励视角，以此来研究政府补助对企业投资方向产生的影响，但并不是全部的上市公司都可以得到政府补助，所以直接采用了 OLS 法，用以评价政府补助与企业投资关系模型中各系数对于样本选择性偏误的可能性影响。本书同时借鉴了邵敏等（2016）的研究[②]，使用 Heckman（1998）研究[③]所选择的模型，针对政府补助的决定因素来实施分析，样本选择模型在评价的过程中按照两个步骤进行：第一步是采用 logistic 模型来评价政府补助相关影响因素，即先对政府补助的概率进行估算，获得逆米尔斯比率的综合估计值，之后把它作为解释变量引入投资模型，该模型中的 SUB – D 值，

[①] 姜付秀、伊志宏、苏飞等：《管理者特征与企业过度投资行为研究》，《管理世界》2015 年第 1 期。

[②] 邵敏、包群：《地方政府补助企业行为分析：扶持强者还是保护弱者？》，《世界经济文汇》2016 年第 1 期。

[③] Heckman, J. J., "Sample Selection Bias As a Selection Error", *Econometrica*, 1998, 47 (1): 61 – 153.

用来表示是不是接受了政府补助。在考察样本选择偏差实施敏感性检验以后,最终结果提示并没有发生较为明显的异常变动。Heckman两阶段的选择模型回归数据如表5－6所示。

表5－6　　　　Heckman两阶段的选择模型回归数据

Var	EX－I Reg1	FA－I Reg2
SUB	－0.4538*** (－2.95)	1.9450*** (3.03)
AGE	0.0056*** (21.05)	－0.0005 (－0.35)
SIZE	0.0114*** (8.95)	－0.0047 (－1.02)
LEV	－0.1208*** (－16.07)	0.0271 (0.87)
FCF	－0.0232*** (－8.70)	－0.0150 (－1.38)
GROWTH	0.0006 (0.39)	0.0127*** (2.58)
ROA	0.0262 (1.04)	0.0748 (0.69)
AC	0.1920*** (10.13)	－0.2517*** (－3.20)
cons	－0.1894*** (－7.15)	0.2016* (1.90)
SUB－D		

续表

Var	EX – I	FA – I
	Reg1	Reg2
PC	0.0045	0.0010
	(0.10)	(0.04)
SOE	0.1593***	0.1405***
	(3.67)	(3.15)
GDP	−1.5639	−1.7398
	(−3.00)	(−3.19)
AGE	−0.0345***	−0.0349***
SIZE	0.1550***	0.1439***
	(8.41)	(8.29)
INDUST	control	control
YEAR	control	control
cons	−1.0314**	−0.9504**
	(−2.50)	(−2.28)
mills		
lambda	0.0490***	−0.1329***
	(8.59)	(−6.01)
N	8625	8625
p	0.0000	0.0000

注：括号内的数值均为 t 值，*表示 $p<0.10$，**表示 $p<0.05$，***表示 $p<0.01$。

第六节　本章小结

通过实证分析法研究证明，政府补助对于企业的投资方向存在着显著的影响，政府补助对于企业的固定资产投资存在着明显的正向作用，而对于受补助企业的对外投资以及无形资产投入却存在着反向作用。本书还证明企业为了扩大其对内投资而占用了对外投资的规模，即过分追求经济增速增长，已经较为显著地影响到了政府补助与上市公司固定资产投资所存在的正向关系，并且GDP增速越高，政府补助与上市公司固定资产投资所存在的正向关系越弱；这在很大程度上有力地阐释了近年来我国的固定资产投资一直增长过快的最根本原因，而这也已经成为经济增长从量变到质变的阻碍。此外，政府补助主要是为了实现单纯的经济增长，而针对企业相关干预行为，会造成企业投资结构的异化，这样必然对企业投资结构的科学调整产生不利影响，也更不利于受补助企业依据自身的发展战略而通过扩大对外投资的方式实现利润增长，不利于增强市场竞争力和提高企业经济效益。

第六章 财税政策对创新投资激励的省际比较
——广东与黑龙江

第一节 广东和黑龙江两省概述

一 两省自然情况概述

广东省，中国南海之滨的一颗明珠。广东海域位于东南亚海上交通要冲，境内河网稠密，纵横交错，流量丰富，港湾众多，内河航道与海洋沟通，海运、内河航运业发达。广东省作为中国改革的先锋，有毗邻东南亚的优势，是联系海外的重要门户。黑龙江省，东北三省之一，是中国位置最北、纬度最高的省份，土地面积居全国第六位。黑龙江省地貌特征为"五山一水一草三分田"，主要由平原、山地和众多湖泊河流等构成。作为东北亚中心的腹地，黑龙江省是中国沿边开放的重要窗口，是亚洲与太平洋地区陆路通往俄罗斯和欧洲大陆的重要通道，现已成为我国对俄罗斯等国家开放的前沿。

二 两省经济发展情况比较

1. 经济指标对比

如表6-1所示,2016年黑龙江省全年实现地区生产总值（GDP）15386.1亿元,比上年增长6.1%,GDP增速位居全国第29名,GDP总量全国占比2.08%,位居全国第21名。其中,第一产业增加值2670.5亿元,较上年增长约5%；第二产业增加值4441.4亿元,增速较慢,仅比上年增长约2.5%；第三产业增加值8274.2亿元,较上年增长约8.6%。三次产业结构比为17.4∶28.9∶53.7。2016年黑龙江省完成固定资产投资7046.5亿元,实现税收收入942.9亿元。全年四大主导产业实现总增加值2406.5亿元,比上年增长约1%。其中,装备工业和食品工业仅小幅上涨,石化工业涨幅相对较大,能源工业较上年有所下降。

表6-1　黑龙江省和广东省经济指标比较（2016）

地区	全国	广东省	黑龙江省
GDP（亿元）	741140.4	79512.05	15386.1
人均GDP（元）	53980	72787	40432
第一产业增加值（亿元）	63670.7	3693.58	2670.5
第二产业增加值（亿元）	296236.0	34372.46	4441.4
第三产业增加值（亿元）	384220.5	41446.01	8274.2

资料来源：《中国统计年鉴2017》。

2016年广东省实现地区生产总值（GDP）79512.05亿元,全国占比10.7%。虽然GDP总量持续蝉联全国第一,但7.5%的增速仅位列全国第20名。其中,第三产业对GDP增长贡献最大,超过

50%且增速最快。三次产业结构比为4.7∶43.2∶52.1。在广东省的现代产业中，高技术制造业增加值8817.68亿元，先进制造业增加值15739.78亿元，与上年同期相比，两者都增长了约1/10。食品、纺织、家具、建材、金属制品和家用电器六大传统优势产业增幅较小，其中增幅最大的为建筑材料，增长约6.4%。

由两省对比可知，2016年广东人均GDP高于平均水平，达到72787元，位列全国第8名；黑龙江人均GDP为40432元，虽比上年增长了6.5%，但仍然显著低于全国平均水平，并且不足广东省人均GDP的60%，列全国第22位。此外，黑龙江省的GDP总量也在平均水平以下，仅为广东省GDP总量的1/5左右，总体经济较为落后。最新数据显示，2017年上半年，广东省GDP为41957.84亿元，暂列第一位，累计同比增速为7.8%；黑龙江省GDP为6108.01亿元，同比增速为6.3%。可见广东省作为全国经济发展的领头羊，不仅市场经济完善，有全国最大的经济规模，而且还拥有最强的经济综合竞争力，经济活跃度高。

2. 上市公司概况

截至2017年10月，两省共有上市公司3394家，其中广东省A股上市公司有550家，公司数占比16.21%，排全国第1位；黑龙江省有36家上市公司，公司数占比1.06%，排全国第23位。自2017年以来，共有364家上市公司在A股上市，其中，广东省有80家，而黑龙江省仅1家。

广东省的上市公司总市值约101773.17亿元，占比16.45%；黑龙江省的上市公司总市值约4092.94亿元，占比0.66%。由数据可知，广东省上市公司的规模远大于黑龙江省，总市值是它的25倍左右。其中，广东省2017年上半年A股上市公司营业总收入为

22814.48亿元，位列第2，同比增长20%，净利润为2315.74亿元，同比增长12%；黑龙江省的A股上市公司营业总收入为661.33亿元，位列第27，同比增长21%，净利润为54.6亿元，同比增长33%。虽然黑龙江省的上市公司经营业绩相比上年同期增速较大，但是与广东省相比，经营总额还较小。

三 两省高技术产业规模比较

1. 高技术产业生产经营情况对比

根据《中国高技术产业统计年鉴2016》统计，2015年我国的高技术产业企业数为29631个，实现主营业务收入139968.6亿元，比上年提高了约10%。东部地区和东北地区的高技术产业企业数分别为19912个和1189个，其中东部地区的高技术产业主营业务收入99929.5亿元，比上年增加了8.4%；东北地区实现收入4284.5亿元，比上年减少了1.6%。广东省和黑龙江省的高技术产业企业数分别为6194个和179个，主营业务收入分别为33308.1亿元和622.2亿元，广东省实现的收入约是黑龙江省的54倍。与广东省相比，黑龙江省国有及国有控股的高技术产业企业约占10%，是广东省的四倍多，但实现的主营业务收入只占7.5%。由对比可知，虽然我国高技术产业产出不断上升，但是主要依靠东部地区拉升，东北地区的高技术产业产出不增反降的现象令人担忧。

2. 企业研发规模对比

2015年，全国的高技术产业R&D人员折合全时当量590016人·年，R&D经费内部支出达22196591万元，较上年分别增加了3.05%和15.48%。东部地区高技术产业R&D人员折合全时当量447861人·年，约占全国的76%，R&D经费内部支出达17360421

万元，约占全国的 78%；广东省高技术产业 R&D 人员折合全时当量 183027 人·年，R&D 经费内部支出达 7691587 万元。东北地区高技术产业 R&D 人员折合全时当量 16104 人·年，较上年减少 5.9%，R&D 经费内部支出达 548407 万元，较上年减少 24.2%；黑龙江省高技术产业 R&D 人员折合全时当量 5976 人·年，R&D 经费内部支出达 167613 万元。此外，根据国民经济和社会发展统计公报，2016 年广东省规模以上工业企业拥有技术开发机构 5920 个，而黑龙江省的科学研究开发机构仅 800 多个。广东省全年的科技成果约 2000 项，专利授权总量居全国首位，比上年增长 7.4%，高新技术产品产值约 6 万亿元，比上年增长 10%。黑龙江省全年共取得各类基础理论成果 280 项，应用技术成果 1132 项，软科学成果 58 项。受理专利申请 35293 件，比上年增长 2.0%；授权专利 18046 件，比上年下降 4.7%。全年共签订技术合同约 2000 份，成交金额比上年增长了约 5 亿元。经过对比可以发现，黑龙江省乃至东北地区的人才队伍发展缓慢，科研投入严重不足，研发规模萎缩。虽然现在广东省的各项指标都在全国前列，但是高技术产业研发投入量仅占 GDP 的 3% 左右，研发活动的强度也远低于欧美国家。

自经济进入新常态之后，我国企业的创新规模逐渐扩大，但是地区之间仍然有较大差异。科技创新作为持续拉动地区经济增长的法宝，应当在此次两省对口合作中得到切实加强，聚焦创新才能进一步提升创新驱动发展的能力和水平，从而带动经济发展，提升经济增长的内生动力，促进地区协调发展。

第二节 实证分析

一 研究假设与数据来源

国家为了鼓励企业进行自主研发，专门针对企业的创新活动制定了诸多的税收优惠政策，而税收优惠政策主要集中在企业的所得税上。政策通过减少企业税负，减轻企业的研发成本和创新风险，增加其利润从而倒逼企业继续进行自主创新，不断循环发展。据此，提出假设1：

H1：随着所得税税负的减少，企业的研发投入会增加。

有学者认为，在中国当下的制度环境中，企业的发展除了可以通过创新来实现，也可以通过政企之间的关联来谋求。与研发创新的投入相比，当建立关联的成本低于研发投入或者通过关联关系可以获得补贴，企业便会减少自主创新。此外，近些年来，国家不断放开管制，进行行业管制改革，鼓励非公有制经济参与到国有经济的结构调整中。借鉴相关文献，部分学者认为行业管制会降低企业的自主创新。为了破除"僵尸企业"，避免经济的硬着陆，激活企业的创新能力，都需要政府深化行业管制改革。因此本书还会研究产权性质和行业管制对模型的调节作用。[1][2] 据此提出假设2：

H2：产权性质和行业管制会削弱税收优惠对企业研发投入的正

---

[1] 牟可光、徐志、钱正平等：《对我国创业创新税收优惠政策的探讨》，《经济研究参考》2017年第9期。

[2] 李维安、李浩波、李慧聪：《创新激励还是税盾？——高新技术企业税收优惠研究》，《科研管理》2016年第37期。

向影响。

本书主要数据来源于国泰安数据库。选取了2009—2016年广东和黑龙江两省在沪深证券交易所A股的上市公司为研究对象,剔除了ST公司、相关变量数据缺失以及研发费用小于0的样本,并对连续变量进行了1%的缩尾处理。此外,本书在做回归分析时采用了拔靴法,并且在固定效应模型中同时加入了年份和行业虚拟变量。本书采用的研究软件是SAS 9.4。

二 计量模型与研究变量

基于上文的相关假设,本书建立如下的计量模型:

$$RD_{i,t} = \beta_0 + \beta_1 ITB + \beta_2 GG + \beta_3 GROWTH + \beta_4 LEV + \beta_5 ROA + \beta_6 SIZE + \beta_7 SOE + \beta_8 RATIO + \varepsilon$$

主要变量及其释义如表6-2所示,其中被解释变量RD_i表示上市公司研发投入的强度,以此衡量企业创新的程度。本书采用了两种测量方法,RD_1是指企业研发投入占营业收入的比值,RD_2是指企业研发投入占总资产的比值。由于政府的税收优惠主要集中在企业所得税上,所以本书选取解释变量ITB即企业的所得税费用与营

表6-2 变量释义

变量名称	变量释义
RD_i	RD_1是企业研发费用占总营业收入的比例,RD_2是企业研发费用占总资产的比例,用以衡量企业的研发投入强度
ITB	企业所得税税负,企业所得税费用与营业收入的比值
GG	政府补助的自然对数
GROWTH	净利润增长率
LEV	资产负债率
ROA	总资产收益率
SIZE	企业规模,总资产的自然对数

续表

变量名称	变量释义
SOE	产权性质，值等于 1 为国有企业
RATIO	实际控制人占股比例
YEAR	年份，虚拟变量
INDUSTRY	行业，虚拟变量

业收入的比值作为上市公司的所得税税负。本书选取的控制变量主要包括：政府补助（GG），企业增长潜力（GROWTH），财务杠杆（LEV），经营绩效（ROA），企业规模（SIZE），企业产权性质（SOE），实际控制人占股比例（RATIO）等。

三 实证结果

1. 描述性统计与相关性分析

如表 6-3 所示，广东省的 RD_1 与 RD_2 的均值分别为 1.12% 和 2.18%，而黑龙江的 RD_1 与 RD_2 的均值分别为 0.43% 和 0.77%。表明，广东省的创新平均水平是黑龙江的三倍左右，即黑龙江省的上市公司对研发的投入强度远低于广东省，而黑龙江和广东两省的企业所得税税负均值和政府补助的均值相差不大。增长潜力指标的均值表明，黑龙江省的上市公司虽然创新程度远低于广东省，但依旧有很大的发展潜力。

表 6-3　　　　　　　　描述性统计

变量	广东省				黑龙江省			
	最大值	最小值	平均值	标准差	最大值	最小值	平均值	标准差
RD_1	0.0779	0.0000	0.0112	0.0154	0.0354	0.0000	0.0043	0.0071
RD_2	0.1961	0.0000	0.0218	0.0328	0.0751	0.0000	0.0077	0.0126

续表

变量	广东省				黑龙江省			
	最大值	最小值	平均值	标准差	最大值	最小值	平均值	标准差
ITB	0.1461	-0.0241	0.0201	0.0215	0.1499	-0.0627	0.0215	0.0345
GG	21.0335	0.0000	14.8935	4.0397	18.8869	0.0000	14.5012	5.0651
SIZE	25.7005	0.0000	21.4212	2.6502	25.7979	19.6065	22.0308	1.1364
ROA	0.4189	-0.9986	0.0503	0.0603	0.2732	-0.2426	0.0353	0.0513
GROWTH	30.3918	-93.9176	-0.1400	4.1689	66.9344	-28.8653	0.2461	6.6898
LEV	6.3477	0.0000	0.3832	0.2971	1.7664	0.0497	0.4760	0.2236
SOE	1.0000	0.0000	0.2546	0.4357	1.0000	0.0000	0.5327	0.5002

由表6-3和表6-4的相关性系数表可知，计量模型选取的变量之间均未达到高度相关，即进行回归模型检验时，可以忽视变量之间的共线性问题。相关性分析显示，RD_1与RD_2两个变量之间显著正相关，也就是说，本书选取的两个对企业创新强度的测量指标具有很强的一致性。除了变量GROWTH之外，广东省的RD_1与RD_2和其他变量之间均高度相关，且达到了1%的显著水平，该结果表明广东省上市公司的创新强度受这几个变量的影响程度较大。而黑龙江省的企业创新强度仅与变量ITB、SIZE、LEV、SOE高度相关，显著性水平均达到1%。

表6-4 广东省相关性系数

	RD_1	RD_2	ITB	GG	SIZE	ROA	GROWTH	LEV	SOE
RD_1	1.0000								
RD_2	0.8538 (***)	1.0000							
ITB	-0.0961 (***)	-0.0103	1.0000						

续表

	RD$_1$	RD$_2$	ITB	GG	SIZE	ROA	GROWTH	LEV	SOE
GG	0.1531 (***)	0.1312 (***)	-0.0463 (***)	1.0000					
SIZE	-0.1271 (***)	-0.1464 (***)	0.1250 (***)	0.2003 (***)	1.0000				
ROA	0.1096 (***)	0.0967 (***)	0.3672 (***)	0.0516 (***)	0.1017 (***)	1.0000			
GROWTH	0.0169	0.0154	0.0859 (***)	0.0446 (***)	0.0364 (***)	0.4284 (***)	1.0000		
LEV	-0.1694 (***)	-0.2612 (***)	-0.1800 (***)	-0.0892 (***)	0.2212 (***)	-0.2548 (***)	-0.1229 (***)	1.0000	
SOE	-0.1712 (***)	-0.1928 (***)	0.0934 (***)	0.0653 (***)	0.1740 (***)	-0.0750 (***)	-0.0326	0.1812 (***)	1.0000

注：*、**和***分别表示在10%、5%和1%上的显著水平。

表6-5　　　　　　　　黑龙江省相关性系数

	RD$_1$	RD$_2$	ITB	GG	SIZE	ROA	GROWTH	LEV	SOE
RD$_1$	1.0000								
RD$_2$	0.6975 (***)	1.0000							
ITB	-0.1773 (***)	-0.0930	1.0000						
GG	-0.0094	0.0315	0.0130	1.0000					

续表

	RD₁	RD₂	ITB	GG	SIZE	ROA	GROWTH	LEV	SOE
SIZE	-0.2197 (***)	-0.1682 (***)	0.1747 (***)	0.2801 (***)	1.0000				
ROA	0.0914	0.0856	0.4382 (***)	0.1775 (***)	-0.0813	1.0000			
GROWTH	-0.0353	-0.0246	0.1904 (***)	-0.0504	-0.0342	0.3926 (***)	1.0000		
LEV	-0.3047 (***)	-0.2531 (***)	-0.1822 (***)	0.0787	0.4033 (***)	-0.3348 (***)	-0.0207	1.0000	
SOE	0.3178 (***)	0.1106	-0.0426	0.0376	0.2522 (***)	-0.2509 (***)	-0.1527 (***)	0.3205 (***)	1.0000

注：*、**和***分别表示在10%、5%和1%上的显著水平。

2. 单变量 t 检验

本书以行业管制和产权性质为分组依据，对企业研发投入和企业所得税税负进行分组 T 检验。检验结果显示，两省有较大差异。就广东省而言，非国有企业的创新投入强度远高于国有企业，而管制行业企业的研发投入却更多。就黑龙江省而言，国有企业的研发创新投资强度更高；相比于管制行业企业，非管制行业企业的创新投入强度更大。两省之间的差异是本书研究的重点。

3. 多元回归分析

本书选取了 RD₁ 即研发投入占营业收入比值为被解释变量，依据上文的回归模型进行多元回归，两省的回归结果如表6-6所示。可以发现，不论是否引入企业经营等多种企业特征变量，两个省的上市公司的研发创新资金投入强度和所得税税负都呈显著性水平为1%的高度负相关。这证明随着地区的企业所得税税负的加重,企业研发投入也会显著减少。广东省和黑龙江省的ITB系数分别为-0.0703和-0.0663,说明企业的所得税税负每减少1%,广东省和黑龙江省的研发投入强度会分别增加7.03%和6.63%,验证了假设1。

广东省和黑龙江省的GG系数分别是0.0004和-0.0001,且只有广东省的GG系数通过了1%水平上的显著性检验。数据表明政府补助对广东省的上市公司的创新投入有显著的影响,并且每增加一个百分点的政府补助,企业的研发投入强度会增加0.04%。相反,对于黑龙江省的上市公司而言,企业的创新强度和政府补助呈负相关,即每增加一个百分点的政府补助,企业会减少0.01%的研发创新投入。以上结果综合表明,企业的创新水平确实受到财政税收政策的影响,尤其是税收政策对企业的自主创新有显著的正向影响,

表6-6　　　　　　　两省 RD_1 分组回归检验

变量	广东省		黑龙江省	
	(1a)	(1b)	(2a)	(2b)
Intercept	-0.0099(***) (-24.18)	-0.0058(*) (-1.67)	-0.0029(***) (-4.91)	0.0048 (0.55)
ITB	-0.0358(***) (-3.16)	-0.0703(***) (-3.57)	-0.0359(***) (-4.62)	-0.0663(***) (-4.85)
GG		0.0004(***) (7.52)		-0.0001 (-0.86)
SIZE		-0.0002 (-1.37)		<0.0001 (-0.05)

续表

变量	广东省		黑龙江省	
	(1a)	(1b)	(2a)	(2b)
ROA		0.0366（***）		0.0288（***）
		(3.40)		(3.07)
GROWTH		-0.0001		<0.0001
		(-0.94)		(0.07)
LEV		-0.0041		-0.0118（***）
		(-1.60)		(-4.65)
SOE		-0.0034（***）		0.0054（***）
		(-5.08)		(5.49)
RATIO		<0.0001		<0.0001（*）
		(-0.55)		(-1.84)
YEAR	YES	YES	YES	YES
IND	YES	YES	YES	YES
R^2	26.56%	31.62%	39.76%	53.55%
$ADJR^2$	26.08%	30.99%	34.83%	47.75%
N	2504	2504	199	199

注：*、**和***分别表示在10%、5%和1%上的显著水平。

而政府补助这一激励政策的影响效果分地区有所差异，在经济发达地区，政府补助会促进企业展开自主研发活动，而在经济落后地区，政府补助则会成为企业生存的依赖，导致企业减少自身对研发活动的投入。

根据回归结果，两个省份的差异性还体现在如下几个方面。广东省的 ROA 和 SOE 两个控制变量都通过了 1% 水平上的显著性检验，而黑龙江省除了 GROWTH 和 SIZE 两个变量之外都分别通过了

1%和10%的显著性检验。就企业规模和产权性质而言，广东省的企业创新水平和企业规模与产权性质都呈负相关，黑龙江省则都呈正相关但相关系数小于0.0001，即广东省的小规模非国有企业在研发创新方面的投入强度更大，而黑龙江省的大规模国有企业创新强度更大。一是由于黑龙江省的上市公司少且公司的规模差距较小，而广东省公司数量多且规模差距远大于黑龙江省，规模小的企业为了在竞争中寻求发展机会只能不断创新；二是由于黑龙江省的上市公司中国有控股占比近乎一半，而国企的规模通常比较大，但是广东省的上市国企比例远小于黑龙江省，没有政府雄厚资本庇护的企业必然会加大研发投入的力度以增加自身的竞争力，实现企业的可持续发展。

4. 分组回归检验

为了进一步考察产权性质和行业管制对企业创新强度与企业所得税税负之间的调节效应，本书按企业产权性质和管制行业进行分组回归检验。结果如表6-7所示，正如假设1所述，变量ITB的系数在广东省和黑龙江省的各个模型中都为负，但是每个模型中的显著性并不相同。就广东省而言，变量ITB仅在非国有企业和非管制行业模型中显著，表明相对于国有企业，税收优惠政策更能促进非国有企业的创新强度；而相对于管制行业企业，所得税税负的减轻更能促进非管制行业企业的研发投入，充分验证了假设2。

在黑龙江省的模型中，除管制行业企业之外，变量ITB在其余的模型中都显著，也就是说，企业所得税税负的减轻对企业研发投入的正向作用在非管制行业企业的效果要显著优于管制行业企业，这与假设2相符；虽然解释变量在国有和非国有企业的模型中都显

78 / 财税政策对创新投资激励的省际差异

表6-7　两省 RD_2 分组回归检验

	广东省 国有	广东省 非国有	广东省 管制	广东省 非管制	黑龙江省 国有	黑龙江省 非国有	黑龙江省 管制	黑龙江省 非管制
Intercept	-0.0119 (-0.94)	-0.0045 (-0.47)	-0.0287(***) (-1.80)	0.0203(***) (3.51)	0.0072 (0.35)	-0.0481(***) (-2.49)	0.0779 (1.20)	0.0198 (1.27)
ITB	-0.0418 (-1.46)	-0.0401(*) (-1.67)	-0.1093 (-1.11)	-0.0634(**) (-2.06)	-0.1076(***) (-5.96)	-0.0995(*) (-1.84)	-0.0803 (-1.53)	-0.0474(*) (-1.84)
GG	0.0003 (1.21)	0.0007(***) (5.48)	0.0011(***) (3.24)	0.0005(***) (5.34)	-0.0002 (-0.56)	<0.0001 (0.16)	-0.0004 (-0.22)	<0.0001 (0.09)
SIZE	0.0004 (0.65)	-0.0007 (-1.23)	-0.0003 (-0.36)	-0.0004 (-1.38)	0.0003 (0.26)	0.0029(***) (3.38)	-0.0029 (-1.03)	-0.0006 (-0.80)
ROA	0.0339 (1.47)	0.0335 (1.08)	0.0848(**) (2.14)	0.0102 (0.56)	0.0155 (0.58)	0.1237(***) (3.55)	0.0634 (0.83)	0.0432(*) (1.92)
GROWTH	-0.0002 (-0.74)	<0.0001 (0.01)	-0.0008 (-1.56)	0.0001 (0.39)	0.0001 (0.22)	<0.0001 (-0.12)	0.0001 (0.23)	-0.0001 (-0.36)

续表

	广东省			黑龙江省		
	国有	非国有	管制	非管制	国有	非国有	管制	非管制

	国有	非国有	管制	非管制	国有	非国有	管制	非管制
LEV	−0.0119	−0.0245(**)	−0.0198	−0.0193(***)	−0.0160(***)	−0.0343(***)	0.0068	−0.0153(***)
	(−1.22)	(−2.57)	(−1.01)	(−5.08)	(−3.33)	(−2.85)	(0.33)	(−3.47)
STATE			−0.0075(*)	−0.0091(***)				0.0075(***)
			(−1.87)	(−8.82)				(3.53)
RATIO	−0.0002(***)	−0.0001(*)	−0.0002(**)	<0.0001	−0.0001(*)	−0.0001	0.0008	−0.0001(*)
	(−2.70)	(−1.72)	(−2.37)	(−0.78)	(−1.72)	(−0.83)	(0.19)	(−1.65)
							−0.0003(*)	
							(−1.78)	
YEAR	YES	YES	YES	YES	YES	YES	YES	YES
ind	YES	YES			YES	YES		
R^2	29.90%	31.38%	30.68%	24.24%	43.98%	50.47%	76.42%	20.90%
Adj R^2	27.51%	30.60%	29.29%	23.30%	29.97%	35.82%	58.74%	12.83%
N	639	1865	868	1636	106	93	36	163

注：*、**和***分别表示在10%、5%和1%上的显著水平。

著，但是在国有企业的模型中显著性水平是1%，而非国有企业的模型中显著性水平是10%，即税收优惠政策的正向作用对国有企业研发投入的激励效应更明显。很明显，在黑龙江省的模型中，产权性质的中介作用与假设2不相符。笔者认为造成差异的原因是，黑龙江省传统国有企业占据主导地位，相较于非国有企业，国有企业不仅自身实力雄厚而且在外部融资方面也比较有优势，由于会受到更好的产权保护和偏袒，企业面临的竞争压力就会降低很多，致使产权性质的调节作用在国有企业中更明显。

5. 稳健性检验

为了增加结论的可靠性，本书对样本数据进行了稳健性检验。通过替代了核心变量 RD_1 的测度方式，重新进行了回归分析，检验了所得税税负和企业研发投入之间的关系以及产权性质和行业管制的调节效应。检验结果与上文回归分析中的结果具有一致性，并未发生改变，表明本书得出的实证结果和研究结论是稳健的、可靠的。

第三节　基于黑粤两省省际差异的对策建议

党的十九大明确要求，要实施区域协调发展战略，深化改革，加快东北等老工业基地振兴，建立更加有效的区域协调发展新机制。东北地区工农业基础好，各种资源相对丰富，并且有很大的发展空间；东部地区体制机制完善、资金雄厚、民营经济活跃、政府服务市场的主体意识强。广东和黑龙江两省一旦进行全面的交流合作，把对口工作做深、做实，一定能实现共赢的局面。结合政策和上文的实证结果，本书提出如下的建议。

（一）优化黑龙江省高新企业认定标准和财政补贴

由上文可知，广东省规模较小的上市公司受外部压力的影响，会增加企业的研发投入以增强企业的竞争力，而黑龙江省的情况则恰恰相反。笔者认为造成差异的原因是黑龙江省的此类上市公司会有缺乏研发资金、研发人员结构不满足标准等问题，导致企业不能享受税收优惠，造成创新风险和成本过大而减少企业的研发活动。很大程度上，这是由于我国的高新企业认定标准是"一刀切"式造成的。针对这种现象，一是国家应该以企业研发投入增量为动态指标，当每年的研发投入超过上年的一定比例，就可以进行抵扣；二是高新企业的认定指标可以根据企业所在的不同领域进行相应的调整，从而促进全行业的创新型企业的发展。

上文中，政府补助对黑龙江省企业的研发投入是反向作用，但对广东省则是促进作用，笔者认为主要是由于广东省政府的财税政策更加完善、评估认定更加公平灵活造成了这种差异。因此，黑龙江省的政府补助应该分为多个阶段、分次补助，同时设定获得补助的指标要求，对研发的最初阶段加强审核，对最终创新成果的生产阶段需要格外重视。此外，由于黑龙江省整体的经济环境不如广东省的优越，税收政策对企业创新产品的消费者也应该扩大补贴，吸引和刺激更多的消费者进入以培育创新产品的消费市场。将财税政策与非税政策相结合，两者相互配合，可以使得税收政策的作用效果更持久、有效。

（二）增强黑龙江省税收优惠政策的适配性

税收优惠政策应该多样化，加大投资抵免、加速折旧等税收优惠的幅度，并且延长税收优惠的年限。不同于广东省在第二、三产业上的优势，黑龙江省的很多老牌企业，固定资产占比大，政府应该扩大研发用固定资产的加速折旧范围。同时，政府也可以借鉴国外的税收优惠政策，当研发费用不足抵扣时，允许企业向前追溯或者向后结转。

此外，相比于广东省高新企业的快速发展，黑龙江省高新企业不仅数量少而且增速缓慢。一是由于初创期，黑龙江省的企业缺乏研发资金，资金成本大；二是由于黑龙江省现有的企业对税收优惠有所依赖，缺乏内生动力进行研发活动。所以税收政策应结合企业的成长周期和供应链，从企业运营的角度，对企业发展的不同阶段和经营的不同环节采取灵活的优惠政策，关注企业创新的重点环节，实现不同的优惠效果。这样不仅可以给初创期的新兴企业减少创新的压力和风险，还可以使已经步入成熟期的企业减少对优惠政策的依赖，进一步促进企业的研发创新。在考虑各方利益相关者的情况下，通过降低企业的税收负担，鼓励企业研发创新，促使传统产业转型升级。

（三）对标广东省加快产业转型升级

广东省在改革发展等方面积累了丰富的经验，而黑龙江省乃至整个东北地区都面临着国有企业改革进程缓慢、民营经济发展落后、民营企业处于弱势地位、投资营商环境建设不全面等问题。对于黑龙江省来说，目前的重中之重是对标东部地区，发现问题所在，然后抓紧建立务实高效的合作机制，促进理念互融、信息互通和干部人才交流培训等。首先，政府可以减少在社会经济运行中的直接干预，提升企业在制度环境中的公平性，更多地利用经济、政策、市场和法律手段来管理本省的经济社会发展，保证经济良性发展，大力激发市场主体的活力和创新动力。其次，要加快转变东北地区的固有观念，转换原先的落后思想，通过干部和企业领导互派、培训等方式学习东部地区先进的发展理念，将改革的重心聚焦于创新。①②

就产业转型升级而言，黑龙江省应组织有关部门督促老牌企业把改造的着力点落实在企业的研发与创新活动上。实施有针对性的"一企一策"和企业技术改造升级的专项行动，推动石化、装备、食品等传统产业提质增效。同时应深度开发"原字号"企业，深度开发石油、煤炭、粮食和重点矿产等资源，推动产业链条向下游延伸，提高资源精深加工比重，增强"原字号"企业市场竞争力，推进资源优势尽快转化为经济优势和发展优势。进一步培育壮大信息技术、高端装备、航空航天、新材料等战略性新兴产业，建设生物医药、云计算、机器人、重型数控机床等产业集群，加大黑龙江省战略性新兴产业的投资。鼓励两省的企业通过交叉持股、建立合资企业等方式，发展壮大一批创新型龙头企业。最后，有关部门在规划编制、政策实施、项目安排、科技创新、改革开放先行先试等方面应给予对口合作倾斜支持，积极为对口合作重点项目和重点园区推进创造良好条件。建立有效的对口合作工作成效评估与督察评估机制，及时研究解决合作中出现的新情况、新问题。

---

① 戴晨、刘怡：《税收优惠与财政补贴对企业 R&D 影响的比较分析》，《经济科学》2008 年第 3 期。

② 王春元：《税收优惠刺激了企业 R&D 投资吗?》，《科学学研究》2017 年第 35 期。

第七章　财税政策对创新投资激励的省际比较
——浙江与吉林

第一节　浙江与吉林两省概述

一　两省自然情况概述

浙江省因钱塘江曲折蜿蜒而称为浙江、又称"鱼米之乡""丝绸之府",位于长江三角洲与东海交界处陆地相连地带,属于中国面积最小的省份之一,耕地面积较小,有"七山一水二分田"之称。浙江海洋资源十分丰富,海域面积26万平方千米,大陆海岸线占中国海岸线总长的20.3%,是一个海洋经济实力和潜力巨大的省份。

吉林省土地面积18.74万平方千米,占全国面积的2%。在"一带一路"发展中,因其地理位置处在东北亚中心地带,又是东北地区近海沿边省份,所以尤为重要。吉林省是中国重要的工业基地,农业、加工制造业比较发达,汽车与石化、农产品加工、商业卫星为支柱产业,航空航天工业装备制造、光电子信息、医药、冶金建材、轻工纺织具有自身优势特色。

二 两省经济发展情况比较

浙江从一个地域资源小省发展成为经济强省，GDP 总量排名从 1978 年的 124 亿元（居全国第 12 位）发展到 2015 年的 42886 亿元，连续 20 年稳居全国第 4 位，GDP 年均增长率为 12.7%，增长速度仅次于广东居全国第 2 位，而人均居民可支配收入连续 20 多年位居中国第一位，与江苏、安徽、上海共同构成的长江三角洲城市群已成为国际六大世界级城市群之一。

吉林省有人口 2752 万，2014 年经济总量 1.3 万亿元，进出口总额 263 亿美元。近年来，吉林省发展遭遇困难，从 2014 年开始，经济增速骤降，位列全国倒数第四，2015 年前三个季度仍无明显好转。2016 年以后经济发展稍有好转，GDP 总量达到 14886.2 亿元。

从表 7-1 中数据可知，浙江省 GPD 始终高于吉林省 GDP 三倍左右，处于全国领先水平，稳中有进。2003 年浙江省委提出"八八战略"，要发挥浙江的块状产业优势，走新型工业化道路，激发全社会的创造力，即使在 2008 年国际金融危机前后增速也较为乐观。同时 2003 年正值国家出台"振兴东北老工业基地"的国策，吉林地区丰富的煤炭石化资源也与重工业化为主的国家发展方向契合，2003—2007 年，吉林省的 GDP 呈现稳步增长态势。但 2007 年至今，虽总量增加，但速度却在下降，尤其在 2008 年前后和 2014 年前后尤为明显。

吉林省第一产业产值占 GDP 的比重下降趋势明显。2003 年为 19.3%，2015 年下降至 11.35%。第二产业则有不同的发展态势，工业产值所占比重不断上升，由 2003 年的 45.3% 增长至 2015 年的 49.81%。第三产业产值始终平稳，即使波动也是小范围波动。三次产业的产值增长率均在 2008 年之后呈现出不同幅度的下降。表明吉林省自2008年国际金融危机以来，经济发展一直处于较为低迷的状态，国民经济增长速度较慢，各产业发展相对落后。

表7-1　　　　　　　　两省国民经济比重对比

年度	地区生产总值（亿元）		第一产业占GDP比重（%）		第二产业占GDP比重（%）		第三产业占GDP比重（%）		人均地区生产总值（元）	
	吉林省	浙江省	吉林省	浙江省	吉林省	浙江省	吉林省	浙江省	吉林省	浙江省
2003	2662	9705	19.30	7.75	45.32	52.59	35.37	39.66	9338	20147
2004	3122	11648	18.96	7.26	46.62	53.77	34.41	38.98	10932	23942
2005	3620	13417	17.30	6.60	43.60	53.40	39.10	40.00	13348	27702
2006	4275	15718	15.70	5.90	44.80	54.00	39.50	40.10	15720	31874
2007	5285	18754	14.80	5.30	46.80	54.00	38.30	40.70	19383	37411
2008	6426	21463	14.30	5.10	47.70	53.80	38.00	41.10	23514	42214
2009	7279	22990	13.70	5.10	47.40	51.80	37.90	43.10	26595	44641
2010	8668	27722	12.10	4.90	52.00	51.60	35.90	43.50	31599	51711
2011	10569	32319	12.10	4.90	53.10	51.20	34.80	43.90	38460	59249
2012	11939	34665	11.83	4.81	53.41	49.95	34.76	45.24	43415	63374
2013	13046	37757	11.60	4.80	52.80	49.10	35.50	46.10	47428	68805
2014	13803	40173	11.04	4.42	52.78	47.73	36.16	47.80	50160	73002
2015	14063	42886	11.35	4.27	49.81	45.96	38.80	49.76	51086	77644

资料来源：国泰安数据库。

浙江省的GDP呈现迅速增长态势。2003年浙江省委提出了人才强省、创新驱动战略后，第二产业和第三产业比重不断提高。而在2007年以后第二产业比重下降，由54%下降为53.9%，第三产业比重上升，由40.7%上升到41%，笔者推断原因有二：其一，2007年"两会"提出要防止工业产业增长过快过热，推动产业结构优化升级。而浙江省在2007年的城市化现代化水平均处在全国前列，所以浙江省提出加快产业转型、大力扶持第三产业等政策。其二，阿里巴巴公司在上市以后，电子商务的崛起带动了一批小规模企业的发展，浙江省匮乏的资源、密集的劳动力造就了浙江省集约型外向型的产业环境，正是这种看似不利的条件刺激了电子商务的区域民营经济发展。小商品在没有技术、没有资金和没有较高教育水平支持的条件下，更是找到了一条出路。而阿里巴巴的迅速发展成了浙江省第三产业发展的催化剂。浙江省的第三产业在2014年的比重超过了第二产业。

如表7-2所示，吉林省经济主要以工业为主，第一产业、其他服务业为主要拉动经济总值的行业，农林牧渔业、建筑业、交通运输业、批发和零售业、住宿和餐饮业和其他服务业增长平稳，金融保险业攀升迅速，2015年比上年增长了21.57%，工业下滑趋势明显。相比2011年，地区生产总值不断发展，金融保险业和房地产业发展势头强劲，分别为172.22%和82.75%，可以看出第二产业增幅减少，产业发展偏向第三产业，产业结构进行了调整，但还是偏向于传统行业。

吉林省2016年国民经济和社会发展统计公报指出，吉林省民营经济实现增加值占地区生产总值的比重为51.4%；吉林省居民消费价格总指数为101.7，价格总水平同比上涨1.7%，固定资产投资价格指数为97.6，下降2.4%。

浙江省主要以工业、批发和零售业和其他服务业为主要行业带动地区发展，建筑业、住宿和餐饮业、交通运输业、房地产业和其他服务业发展增幅较大，产业结构不断优化。截至2016年，浙江生产总值（GDP）为46485亿元，比上年增长7.5%。其中，第一产业增加值为1966亿元，第二产业增加值为20518亿元，第三产业增加值为24001亿元，分别增长2.7%、5.8%和9.4%，第三产业对GDP增长的贡献率为62.9%。三次产业增加值结构比为4.2∶44.2∶51.6，第三产业比重提高1.8个百分点。人均GDP为83538元（按年平均汇率折算为12577美元），增长6.7%。

表7-2　　　　两省分行业地区生产总值　　　　单位：亿元；%

年度		2011	2012	2013	2014	2015	2015年相比上年涨幅	2015年相比2011年涨幅
农林牧渔业	吉林省	1277.44	1412.11	1509.34	1524.01	1596.28	4.74	24.96
	浙江省	1583.04	1667.88	1784.62	1777.18	1832.91	3.14	15.78
工业	吉林省	4917.95	5582.48	6033.35	6424.88	6112.05	-4.87	24.28
	浙江省	14683.03	15338.02	16368.43	16771.90	17217.47	2.66	17.26
建筑业	吉林省	693.53	794.29	824.88	891.40	927.06	4.00	33.67
	浙江省	1872.55	1978.30	2078.22	2467.10	2558.38	3.70	36.63
交通运输、仓储和邮政业	吉林省	420.98	462.13	486.18	518.05	529.79	2.27	25.85
	浙江省	1206.95	1278.91	1326.02	1525.93	1631.88	6.94	35.21
批发和零售业	吉林省	860.47	986.46	1080.58	1059.66	1117.29	5.44	29.85
	浙江省	3288.53	3684.34	4111.44	4911.71	5245.03	6.79	59.49
住宿和餐饮业	吉林省	205.69	240.70	267.63	283.79	328.61	15.79	59.76
	浙江省	620.25	655.74	736.34	884.91	995.02	12.44	60.42
金融保险业	吉林省	207.65	244.63	303.02	464.96	565.27	21.57	172.22
	浙江省	2730.29	2762.24	2965.67	2767.44	2922.93	5.62	7.06
房地产业	吉林省	238.61	240.86	266.60	432.85	436.06	0.74	82.75
	浙江省	1677.13	1927.93	2190.03	2166.86	2351.42	8.52	40.20
其他服务业	吉林省	1746.51	1975.58	2209.88	2157.54	2402.38	11.35	37.55
	浙江省	4657.08	5371.97	6007.72	6870.58	8099.05	17.88	73.91

三　两省创新研发情况比较

创新能力作为发展新动能，浙江省的专利发明数一直处在全国领先的地位水平。截至2016年，浙江省共被授予专利221456件，其中有效发明专利为28661件，吉林省同期的专利数只有浙江省发明专利的8%。根据数据，浙江省的大部分企业都建立了自己的研发机构，从研发投入人员和研发投入费用上看，吉林省的研发能力相比于浙江省仍有不足。从新产品开发后带来的销售收入来看，浙江省开发的新产品更受市场青睐。

表7-3 两省创新研发情况比较

地区	吉林省	浙江省
新产品开发项目数（项）	2470	63124
新产品开发经费支出（万元）	1243953	10041634
新产品销售收入（万元）	26276146	213968302
R&D人员全时当量（人·年）	23469	321845
R&D经费（万元）	908602	9357877
R&D项目数（项）	2253	59088
有效发明专利数（件）	3395	38661

经过以上对比，吉林省在经济发展和创新能力方面都与浙江省有较大差距，为了推进对口方案落实得更有针对性，本书将对两省的高新技术企业进行研究。

第二节 实证分析

一 研究假设

财税政策是国家宏观调控的重要组成部分，通过财税政策实现资源和收入的合理配置和分配。财政政策对于激励企业开展技术创新意义重大，财政政策是否给予支持，对企业创新活动有很大影响，财税政策可以通过税收优惠的多少和政府补助的高低对企业研发投入创新进行支持，特别是新兴产业和对技术创新需求较高的行业，是政府的重点支持领域。政府补助和税收优惠是目前激励企业进行创新产出最常见的两种政策。政府补助是指政府根据国家相关政策在一定时期内对特定企业或企业特定项目给予一定数额的资金资助，是一种优化资源配置、弥补市场失灵的方式。税收优惠则是政府通过税收手段对特定纳税对象减税，也就是减轻企业创新所需要负担的成本。①②

因两种政策对企业创新产出有着不同的影响，所以本书将对两种不同政策是否促进企业创新产出进行探究，政府补助是政府对于研发创新的补贴，税收优惠政策主要是针对高新企业的税后返还政策。同时选取吉林省和浙江省两省的数据进行比较分析，探究是否相对发达地区受两种政策影响更为明显，若有差异，则分析两省间产生差异的原因。

所以本书提出三个假设。

Wallsten（2000）基于美国数据的研究显示，政府补助能够从多方面促进企业研发的增长，最终对企业绩效有显著的正向影响。邵传林、邵姝静（2015）通过实证验证了享受财政补贴的企业比未能享受财政补贴的企业具有更高的创新效率。所以本书提出假设1。

假设1：企业在进行研发时接受政府补助会有助于企业创新成果产出，即政府补助与研发创新是正相关。

Czarnitzki（2005）等通过研究表明，税收优惠政策不仅对企业

---

① 赵彤、范金、周应恒：《长三角地区企业研发费用加计扣除政策实施效果评价与对策建议》，《中国科技论坛》2011年第6期。
② 王珍愚、王艳茹：《直接补贴与税收优惠对企业R&D投入决策影响的比较研究》，《经营管理者》2017年第3期。

研发投入有显著的促进作用,而且对企业的创新产出能起到积极的作用。吴锦明(2015)研究发现,相较于政府补助,税收优惠更能激励企业的 R&D 投入,其中所得税优惠的促进作用更显著。基于以上论述,本书提出假设2。

假设2:税收优惠对企业研发创新具有激励作用,即税收优惠与企业研发是正相关。

不同经济区的经济发展程度具有差异,与当地的自然条件、经济基础和发展模式紧密相关,也在一定程度上受到国家宏观政策的影响。浙江省对外开放时间较早,而吉林省相对发展滞后,所以对国家政策的反应程度也不一致。因此本书提出假设3。

假设3:经济发展程度不同地区的企业接受政府补助和税收优惠时,创新成果存在差异。

二 样本选取、数据以及变量说明

1. 样本选取

样本数据主要来源为 CSMAR 数据库以及上市公司财务报表,本书选取的是沪深主板上市的非 ST、非 ST 公司,以吉林省43家、浙江省398家为样本进行对两省进行对比研究。在进行模型估计时,进行1%的缩尾处理以剔除极端值和异常值。由于吉林省数据样本较少,本书对吉林省数据采用拔靴法进行研究,样本的年度选取2010—2016年。本书使用的统计软件为 SAS 9.4。

2. 变量名称及计算方法

(1) 被解释变量

企业的创新效果(Inno),选取的是企业的有效专利数,作为衡量企业创新能力的指标,本书采用企业当年有效专利的产出数值作为被解释变量。

表 7-4　　　　　　　　变量名称及计算方法

变量类型	名称	计算方法	符号
被解释变量	创新效果	ln（有效专利数）	Inno
解释变量	政府补助	ln（政府补助）	GOV
	税收优惠	ln（税收返还）	TaxRT
	研发投入	ln（研发投入）	RDspend
	研发人员	ln（研发人员数量）	RDstaff
	企业规模	ln（总资产）	Size
	偿债能力	资产负债率	Debt
	盈利水平	总资产净利率	ROA
虚拟变量	控股股东性质	国企为1，其余为0	Holders

（2）解释变量

①政府补助

政府补助要求企业进行申请，政府进行审核，根据其是否为优质的 R&D 项目，是否急需补贴等因素进行排序、审核，最终决定进行财政补贴。本书选取企业当年享受的政府资助额度大小作为衡量政府补助的变量。

②税收优惠

税收优惠作为另外一种激励企业的间接方法，与政府的事前补贴不同，是一种事后干预。本书选取企业上年的税收返还作为税收优惠的衡量指标。

③研发投入、研发人员

研发投入和研发人员是企业研发活动的主要因素，反映了企业对技术创新的投入，在一定程度上体现了企业的自主创新能力。本书选取研发投入和研发人员数量的自然对数作为被解释变量。

第七章　财税政策对创新投资激励的省际比较 / 93

（3）控制变量

本书选取的控制变量考虑到企业的企业规模、偿债能力和盈利水平等因素，用总资产衡量规模，资产负债率体现偿债能力，利用总资产净利率进行盈利水平计算。股东股权性质为虚拟变量，国企性质取1，其余企业性质取0。此外本书在进行分析过程中，还充分考虑了年度效应。①②

由于创新效果、财政补贴、税收优惠、研发投入、研发人员、企业规模数值离散程度较大，所以取对数进行运算，取对数进行运算后较之前离散程度有所改善，最小值与最大值的差距也缩小。

3. 模型

$$\ln(\text{Inno})_{it} = \alpha_i + \beta_1 \text{GOV}_{it} + \beta_2 \text{TaxRT}_{it} + \beta_3 \text{RDspend}_{it} + \beta_4 \text{RDstaff}_{it} + \varepsilon$$

（模型1）

$$\ln(\text{Inno})_{it} = \alpha_i + \beta_1 \text{GOV}_{it} + \beta_2 \text{TaxRT}_{it} + \beta_3 \text{RDspend}_{it} + \beta_4 \text{RDstaff}_{it} + \beta_5 \text{Size}_{it} + \beta_6 \text{Debt}_{it} + \beta_7 \text{ROA}_{it} + \text{Holders}_{it} + \varepsilon$$

（模型2）

回归模型中，i 表示第 i 家企业，t 表示第 t 年，α 表示常数项，β 为各变量的回归系数，ε 为随机误差项。

4. 描述性统计

从描述性统计可以看出，浙江省的创新效果Inno最小值为0.79，最大值为7.3，平均值为3.36，吉林省平均值为2.68。相比浙江省而言，吉林省的平均值略小，创新效果稍差。浙江省标准差大于吉林省标准差，说明离散程度大，相较于吉林省，浙江省各企

---

① Matthew A Shapiro. *The Political Economy of R&D Collaboration*: *Micro – and – Macro – Level Implication*. Los Angeles University of Southern California, 2008.

② Patrick Dever Jr. Reforming Subsidies in the Federal Budget. *Federal Subsidy Reforrn*, 2015, (35) 5: 854 – 878.

业的创新效果差异大。浙江省股东股权性质平均值为0.16，民营企业较多，而吉林省的平均值为0.52，相比而言国企较多。

5. 实证结果分析

由于样本数据时间跨度不长、截面比较宽，面板数据具有减少各变量共线性、增加自由度的优势，因此将样本数据处理成短面板。基于短面板数据，首先使用混合估计、固定效应模型和随机效应模型进行回归估计，然后对回归结果进行检验来确定使用哪种回归估计。

表7-5　　　　　　　　　　描述性统计

变量	浙江省				吉林省			
	最小值	最大值	平均值	标准差	最小值	最大值	平均值	标准差
Inno	0.79	7.30	3.36	1.29	0.69	5.23	2.68	1.07
GOV	9.90	21.12	16.17	1.36	12.62	19.41	16.20	1.34
TaxRT	6.30	22.44	16.09	2.06	10.32	19.24	15.48	1.94
RDSpend	10.18	21.27	17.54	1.18	10.91	20.30	17.13	1.58
RDStaff	1.95	8.88	5.52	0.94	3.33	7.06	5.20	1.12
Debt	0.03	1.70	0.39	0.21	0.03	2.36	0.48	0.27
Size	19.39	27.30	21.76	1.06	17.02	25.03	21.87	1.40
Holder	0.00	1.00	0.16	0.37	0.00	1.00	0.52	0.50
ROA	-0.29	0.37	0.05	0.05	-1.25	22.01	0.13	1.47

首先，在混合估计和固定效应模型的选择上，通过最小二乘虚拟变量模型（LSDV）法考察，发现大多数个体虚拟变量均很显著，即存在个体效应，所以不应使用混合估计。其次，在固定效应模型和随机效应模型选择上，进行Hausman检验，但聚类稳健标准差和普通标准差相差过大，传统的Hausman检验失效。通过辅助回归进行Hausman检验，结果表明拒绝随机效应，应该使用固定效应模型。

根据以上估计结果可知，其一，模型2的拟合优度相较于模型1更高，所以模型2能更好地解释财税政策对企业创新绩效的影响。其二，回归方程总体显著，F值在1%的水平上均显著。其三，除个别变量之外的其余变量的回归系数在10%的显著水平上均通过了t检验。综上说明，财政补贴与税收优惠对企业专利产出影响的估计结果是可信的。现具体分析各解释变量对企业专利产出的影响。

表7-6　政府补助和税收优惠对企业创新绩效影响的样本回归

变量	全样本 模型1	全样本 模型2	浙江 模型1	浙江 模型2	吉林 模型1	吉林 模型2
霍斯曼检验	FE	FE	FE	FE	FE	FE
Intercept	27.3161***	-35.5838***	27.4911***	35.5455***	0.4869	-0.0973
GOV	0.0909***	0.0193*	0.0984**	0.0210*	-0.0304**	-0.0243*
TaxRT	0.0851***	0.0421*	0.0913***	0.0453**	-0.0058	-0.0031
RDSpend	0.3872***	0.0473*	0.3802***	0.0471*	0.0492	0.0868**
RDStaff	2.9873**	2.8379**	2.9989*	2.8378***	0.3846***	0.4154***
ROA		-2.5515***		2.5974***		0.0260
Debt		0.2639		0.2585		-0.1052
Size		0.8385***		0.8364***		0.0422***
Holder		-0.6474		-0.6490*		-0.1475
$Adj-R^2$	88.79%	91.17%	88.78%	91.13%	79.44%	82.80%
F值	24.97***	31.32***	25.23***	31.53***	11.05***	13.09***

注：1. *、**和***分别表示在10%、5%和1%上的显著水平。
2. 霍斯曼检验（Hausman），原假设为：随机效应模型是有效的，备择假设：固定效应模型优于随机效应模型。

（1）政府补助效果对两省激励效果不同，对浙江省激励作用更显著。从表中的样本回归结果来看，浙江省的模型1和模型2中政府补助在引入其他变量以及逐步进行控制变量回归时回归系数为

0.0210，始终为正相关且显著，符合提出的假设1，也就是政府补助会在一定程度上激励企业进行创新。吉林省的政府补助对研发创新产出的回归系数为-0.0243，也就是政府补助并未对吉林省的企业创新效果产生帮助，甚至阻碍企业进行研发创新的产出，这与假设1相悖。两者在此产生差异的原因是吉林省国企数量占比较高，市场灵活性低，当吉林省获取政府补助后进行创新产出达到一定数量后，政府的补助会降低，企业的研发热情也会因此受到影响，出现所谓的"企业懒惰行为"，最后会间接对企业创新产出造成挤出效应。①②

（2）税收优惠对两省创新激励效果也不尽相同，浙江省创新产出效果更显著。税收优惠对于浙江省而言在1%的水平上为0.0453，显著为正，说明税收优惠对浙江省的企业而言有积极意义，符合假设2。浙江省税收优惠系数大于政府补助的系数，说明税收优惠影响更大。吉林省的税收优惠系数为负，且不显著，税收优惠并未有效地转换为创新产出，有悖于假设2。通过回归系数表，可以看出浙江省相比吉林省而言创新产出受政府补助和税收优惠的影响更明显，符合假设3。导致此种结果的原因可能来自以下两点：一是我国目前没有针对企业专利产出的直接税收优惠政策，从而使得税收优惠的直接效应相对薄弱。二是与实证分析的样本容量有关，由于资料有限，本书吉林省的实证分析数据主要来自43家上市公司，可能样本容量不够充分，导致结果略有差异。三是对于吉林省而言，税收优惠常常需要较长周期才能体现出其对企业的作用，又由于吉

---

① 张文春：《税收政策在促进高新技术产业发展中的作用及其机理分析》，《中国人民大学学报》2006年第1期。

② 王春元：《税收优惠刺激了企业R&D投资吗?》，《科学学研究》2017年第35期。

林省所处老东北工业基地经济活力不足，税收优惠政策在一定程度上成了企业规避税收的"税盾"，所以对企业的创新产出并没有激励效果。

（3）研发费用和研发人员数量对企业创新具有正向激励作用，与专利产出是正相关关系。也就意味着在企业创新研发阶段，浙江省的企业每投入1万元的研发资金就会带来0.04件专利产品的产出，每增加一位研发人员就会带来2.83件专利产品产出。吉林省的企业每投入1万元会带来约0.08件专利产品产出，每增加一位研发人员就会带来约0.4件专利产品产出。两省企业对研发费用和研发人员数量反应相同，随着研发费用和人员数量的增加，企业的创新产品将得到更多人力、物力的支持，调动研发的积极性。

（4）企业规模和盈利能力对创新产出成正比，浙江省的企业规模回归系数为0.8364，吉林省的企业规模回归系数为0.0422。无论是民营经济为主、市场灵活性高的浙江省还是国有企业为主导的吉林省，企业规模的影响都是正向显著的，规模大、总资产多的企业会在创新产出中更具实力，因其将目光聚焦在研发创新中，使得产品具有更强的竞争力，提高市场份额，推陈出新。而在盈利能力部分，净资产收益率越高代表企业自有资本获取收益的能力越强，运营效益越好，对企业投资人、债权人的保证程度就越好。浙江省的盈利能力回归系数为2.5974，说明当浙江省创新产品可以给企业带来更多的利润时，会带动企业政策的调整，着重发展利润率高的产品。吉林省的盈利能力回归系数仅为0.026，吉林省的企业灵活性稍差，净资产收益率的大小对企业的创新产出影响较小，几乎没有激励作用。

（5）资产负债率对两省创新产出影响不一致，吉林省灵活运用资金能力稍显不足。资产负债率可以看出企业总资产中筹资的比例大小，是负债水平的综合指标，指标越大代表企业资不抵债的可能性越高。浙江省的创新产出能力随着资产负债率提高而提高，吉林省的创新产出则因资产负债率的降低而提高。造成差异的原因是浙江省处在经济体制完善的地区，在此经济环境影响下，企业会灵活运用融资，借入资本而进行经营，高效利用外部资金投入到企业研发创新中，促进企业的创新产出。在吉林省相对保守的投资环境中，投资保险型的企业财务成本相对低，这将使企业面临按时偿还固定借款利息与借款人施压的双重压力，从而不得不减少企业创新产出或者会选择稳健性的项目进行研发创新产出。

（6）非国有企业对产出有更高的敏感性。浙江省在股东股权性质中系数显著为负，表明浙江省非国有企业对创新产出具有更高的敏感性，吉林省企业的虚拟变量同样为负，这不仅是企业性质本身造成的，更在于创新有助于新产品的开发，提高了总收入后，企业更具有竞争力，创新是企业的源动力。

6. 稳健性检验

为了保证回归结果的稳健性，本书用专利产出收入替代专利产出数量进行实证分析，与前文得出结果一致，因篇幅所限不予列式。

第三节　基于浙吉两省省际差异的对策建议

本书探讨了政府补助和税收优惠二者对企业创新产出的协同作用，发现两省反应均不相同。同时2017年国务院推进吉林省与浙江省建立对口合作机制，积极推进东北地区的改革，实证结果表明政府补助和税收优惠对于浙江省创新产出的激励作用更明显，两省对口合作机制亟待完善，吉林省民营经济活力不足，针对这一系列问题本书提出几点对策建议。

(一) 提高政府补助资金使用效率

前文的实证结果表明，政府补助和税收优惠对吉林省的企业激励作用效果并不明显，对浙江省的企业具有激励效果，但效果有限。原因在于政府补助和税收优惠政策针对性和目的性不强，企业对于政府补助资金的使用效率不高，税收优惠的政策也并没有惠及企业。因此必须把"好钢用在刀刃上"，将有效的政府补助资金集中在风险系数高、正外部性强的领域里，并且要善于利用政府补助和税收优惠等政策激励措施吸引更多的创新企业进驻，以激发市场活力，推动企业研发能力真正与市场接轨。

(二) 加快纺织业产业链资源整合

以纺织业为例，浙江省的纺织业的轻工业集群在全国处于领先水平，相应商业网络结构完善。吉林省是资源大省，劳动力密集，在工业上具有历史基础，有天然的区位优势。吉林省以低廉的劳动力成本和丰富的自然资源承接这些轻纺织业的生产，加强了与浙江省产业上下游的连接，使得纺织业内部结构从劳动密集型向技术密集型产业不断升级，从而实现整体产业结构的调整和升级。两省可以进行合作园区共建等形式，搭建双方产业转移与合作的平台，共建"双创"平台。最终做到浙江省的传统轻纺业加速向吉林省转移，以此为经验进行全行业推广完成吉林省与浙江省产业链的互补与配套。[1][2]

---

[1] 李维安、李浩波、李慧聪：《创新激励还是税盾？——高新技术企业税收优惠研究》，《科研管理》2016年第37期。

[2] 郭伟民：《产业合作机制、模式创新视角下的浙台生产性服务业合作研究》，《国际商务（对外经贸大学学报）》2011年第5期。

(三) 唤醒民营企业增长潜力

实证结果表明，浙江省和吉林省的非国有企业对创新产出具有更高的敏感性。浙江省作为国企改革的样本，在2014年9月就出台了《关于进一步深化国有企业改革的意见》，明确资产证券化的路径，国资管理体制从管资产向管资本方向转变，与民营经济共生共荣，互相促进。相比于浙江省，吉林省不仅要改革国企，还应该大力发展民营经济，围绕有优势的产业集群及其产业链进行大力招商引资，双管齐下，为经济发展找到新的动力和引擎，发挥市场经济对资源的配置作用。

(四) 打造吉林省区位性电子商务品牌

吉林省目前小微企业数量较多，经营主体多数是民营企业，对于自主品牌发展意识较薄弱。生产性服务业与制造业发展需求匹配不足，需要加快支持服务业的发展，鼓励生产性服务业和消费性服务业发展。电子商务是现代产业发展的重要趋势，需要引导小微企业投身"互联网+"行动。吉林省很多小微企业目前在做电商中存在配套技术缺乏、摄影和推广技术落后等问题，摄影技术水平较低，致使网上销售受到影响。由于浙江省电子商务发展较完善，经验较足，所以对于人才的吸引、推广技术的提高，也需要得到浙江省相关的外部软硬基础设施的环境保障和技术培训、学习交流等方面的引导和支持，提供鼓励支持争创驰名商标、树立知名品牌等方面的政策和激励，并且以吉林省地区为整体推广树立地区品牌，提高地区产品的品牌知名度。①②

---

① 李非：《两岸高科技产业合作新态势与机制创新研究》，《亚太经济》2012年第1期。

② 谭裕华：《东莞与穗深港产业对接研究》，《科技管理研究》2014年第6期。

第八章 财税政策对创新投资激励的省际比较
——江苏与辽宁

第一节 江苏和辽宁两省概述

一 两省自然情况概述

江苏省位于我国大陆东部沿海中心，地处美丽富饶的长江三角洲，平原辽阔，自然条件优越，经济基础较好。全省面积10.72万平方千米，境内河川交错，水网密布。江苏以地形地势低平、河湖众多为特点，平原、水面所占比例之大在全国居首位，成为江苏一大地理优势。作为东北地区对外开放的门户，辽宁省是东北三省中仅有的沿海又沿边的省份。辽宁省海域广阔，近海生物资源丰富，品种繁多；林地面积广袤，森林资源丰富；处于环太平洋成矿北缘，地质成矿条件优越，矿产资源丰富，种类配套齐全，区位条件好。

二 两省经济发展情况比较

江苏是一个经济发达的省份，其治安、教育、经济、科技、文化、创新等实力领衔全国。作为中国第一综合经济大省，其高等教育水平和科研技术水平以及研发工业方面，也是当之无愧的国内佼佼者，其科研经费投入之大、研究型高校企业之多、科研成果之丰富堪称国内典范。江苏人均 GDP、综合竞争力、地区发展与民生指数均领先于各省。全国经济综合竞争力研究中心于 2017 年对外发布的《中国省域经济综合竞争力发展报告（2015—2016）》蓝皮书显示，江苏在中国省域经济综合竞争力排行榜中位居第二。

辽宁省作为重要的重工业基地，拥有我国最齐全的工业门类，其在农业、教育等方面的发展也居全国前列。素有"东方鲁尔"之称的辽宁省曾为新中国工业的崛起做出了巨大的贡献，也是我国首批对外开放的省份，在东北三省中占据重要战略地位，以省会沈阳、大连为中心构成的辽中南城市群是东北经济区和环渤海经济区的重要组成部分。辽宁航空发展报告指出航空航天业是建设未来城市的关键科学技术。2017 年 3 月，国务院批准中国（辽宁）自由贸易试验区在沈阳、大连、营口三市设立片区，标志着辽宁成为国家第三批自由贸易试验区，作为东北唯一的自贸试验区再一次站在了国家对外开放的最高平台上。

江苏省抓住了改革开放的时机，率先进行了市场经济体制的改革并且致力于发展外向型经济，从而大幅增强了经济实力，经济地位也得到了显著的提升。如表 8-1 所示，江苏省地区生产总值在 2016 年达到了 76086.2 亿元，比上年增长 7.8%，居全国第二位，占全国 GDP 总量的 10.2%。其中第一产业增加值 4078.5 亿元，比上年增长 7.8%，占全国总量的 6.4%；第二产业增加值 33855.7 亿元，比上年增长 7.1%，占全国总量的 11.4%；第三产业增加值 38152 亿元，占全国总量的 9.9%，比上年增长 9.2%。人均可支配收入为32070元，比全国人均可支配收入高8249元。同期比较，辽宁省生产总值22037.9亿元，位居全国第十，占全国GDP总量的3%，其中第一产业增加值2173亿元，占全国总量的3.4%，第二产业增加值8504.8亿元，占全国总量的2.9%，第三产业增加值11360亿元，占全国总量的3.0%；人均可支配收入为26040元，比全国人均可支配收入高2219元。虽然两省经济都居全国前列，但江苏省的经济实力和人均可支配收入都显著高于辽宁省。江苏省的生产总值约是辽宁省生产总值的3.5倍，人均可支配收入约是辽宁省的1.2倍，可见江苏省的经济发达程度远胜于辽宁省。

表8-1　　两省国民经济占全国的比重对比（2016）

指标	全国	江苏	占全国比重（%）	辽宁	占全国比重（%）
土地面积（万平方千米）	960	10.7	1.1	14.8	1.5
地区生产总值（亿元）	744127.2	76086.2	10.2	22037.9	3.0
第一产业增加值（亿元）	63670.7	4078.5	6.4	2173	3.4
第二产业增加值（亿元）	296236	33855.7	11.4	8504.8	2.9
第三产业增加值（亿元）	384220.5	38152	9.9	11360	3.0
人均可支配收入（元）	23821	32070		26040	

资料来源：中华人民共和国国家统计局。

从三次产业来分析，近五年来，江苏地区生产总值直线上升，经济运行总体平稳。产业结构调整加快，三次产业增加值比例调整为5.4∶44.5∶50.1，基本实现产业结构"三二一"的转变。全年实现高新技术产业产值6.7万亿元，比上年增长8.0%；战略性新兴产业销售收入4.9万亿元，比上年增长10.5%，经济活力持续增强。而辽宁省低迷的经济自从"振兴东北老工业基地"政策提出之后得到了发展，尤其是近些年来出台的各种经济刺激政策对经济增长起到了很大的作用。但2016年，辽宁省的GDP总量比上年下降2.5%，其中第一产业增加值下降4.6%，第二产业增加值下降7.9%，第三产业增加值增长2.4%，可见辽宁省的经济发展亟须转型升级。

根据《2016年国民经济和社会发展统计公报》公布，江苏省2016年完成固定资产投资49370.9亿元，比上年增长7.5%。第一产业投资293.1亿元，比上年增长26.2%；第二产业投资24673.8亿元，比上年增长7.8%；第三产业投资24403.9亿元，比上年增长7.1%。其中技术改造投资14570亿元，比上年增长14.8%，高新技术产业投资8010.8亿元，比上年增长6.3%。辽宁省2016年固定资产投资（不含农户）6436.3亿元，比上年下降63.5%。全年第一产业投资115.3亿元，占固定资产投资的比重为1.8%；第二产业投资2198.5亿元，占比34.1%；第三产业投资4122.5亿元，占比64.1%。

2016年年末，江苏省以317家A股上市公司位列全国第三名，份额占比较2015年提高了0.49%，总市值共计3.52万亿元，在全国的占比超过10%，排名第三。辽宁省以76家A股上市公司位列全国第十二名，由于上年仅新发了一家公司，占比较上年下降了0.17%。总市值共计8054.89亿元，排名第十四，平均市值110.34亿元，低于全国的平均市值189.45亿元。近期，福布斯杂志发布2017年中国上市公司潜力企业榜100强，江苏省共计7家上市公司上榜，辽宁省共计3家上市公司上榜。对比两省上市公司可以发现，江苏省上市公司规模比辽宁省大、效益好，而且江苏省上市公司总市值前十的公司第三产业占比较多。综上所述，江苏省上市公司总体而言属于中上流水平，经济水平较为发达；而辽宁省上市公司总体属于中下流水平，经济相对于江苏省来说还较为落后。辽宁现在在产业调整转型方面成效不佳，产业需要不断地优化，而破局的关键是企业的创新。

科技创新作为江苏的特色，一直被视为江苏发展转型升级的关键。自2009年以来，江苏已连续八年蝉联"全国创新能力最强地区"，江苏省区域创新能力连续八年保持全国第一。2016年，共计授予专利23.1万件，约18%的专利为发明专利。科技创新业绩突出，数据显示，江苏省超过九成的大中型企业都自主建立了研发机构。高新产业在省政府的支持下发展迅速，科研投入比重不断提高。辽宁省科技成果产出水平与江苏省相比差距较大，辽宁省全年授予专利约2.5万件，不过其中授予的发明专利接近1/3。企业研发投入仍然有欠缺，其中全社会研发与发展活动经费（R&D）不足江苏省的1/5，仅占地区生产总值比重的1.61%，从事创新研发的人员也远低于江苏省。经过对比，可以明显看出辽宁省不论是在高新技术产业的发展上，还是在创新能力的提升上，都和江苏省有很大的差距。此次对口合作明确提出"聚焦创新"，创新作为经济发展的活力，必须得到重视。为了推进对口方案更好地实施，本书将对两省的高新技术企业进行研究。

第二节　实证分析

一　研究假设

国家为了促进高新技术企业发展，专门针对高新技术企业制定了相应的财税补贴政策，旨在从短期和中长期两个方面促进高新技术企业的发展。一是对高新技术企业的短期影响,通过减轻高新技术企业的成本增加其净利润,达到提高其盈利能力的目的,刺激企业提高经营的效率和质量。二是对高新技术企业的中长期影响,通过增强企业的研发能力、提高企业的创新水平,促进企业保持活力、长远发展。一个企业创新能力的高低与其研发水平密切相关,而研发水平通常取决于企业的研发资金投入。所以本书用企业研发资金的投入来衡量企业的创新能力。

从政策方面看,税收优惠政策主要针对高新企业的所得税,此外财税补贴还包含政府对于企业的财政补贴,因此本书选取了所得税税负和政府补助作为研究对象,研究财税政策对江苏省和辽宁省高新技术企业的影响。

综上所述,本书提出如下研究假设。

假设1:税收优惠能增强高新技术企业的盈利能力。

假设2:财税补贴能刺激高新技术企业加大研发资金的投入,且所得税优惠和政府补助对高新技术企业的作用不同。

二 数据来源与处理

本书主要数据来源于国泰安中国上市公司财务报表数据库和中国上市公司财务指标分析数据库,选取了江苏省和辽宁省沪深 A 股上市的高新技术企业作为研究对象进行回归分析。本书重要的被解释变量是净资产收益率和研发费用,因此在回归分析中研究频率为年度,样本期间为 2010—2016 年,剔除了 ST 公司,以及研发费用、营业收入、所得税费用、总资产小于零的样本,并对数据进行了 1% 的缩尾处理。其中鉴于辽宁省样本量过小,本书在对辽宁省数据进行研究时采用了拔靴法。本书采用的研究软件是 SAS 9.4。

三 变量选取

1. 被解释变量

依据假设的提出，财税政策的短期效应通过企业的盈利能力来衡量；中长期效应则通过企业研发资金的投入来衡量。因此本书选取净资产收益率和研发资金投入作为被解释变量。

（1）净资产收益率（ROE）：净资产收益率是净利润与总资产的百分比率，衡量了企业运用自有资本所带来收益的效率，体现了企业的获利能力。

（2）研发投入（RD）：研发的资金投入是衡量企业创新能力的重要指标之一，反映了企业对技术创新的投入，在一定程度上体现了企业的自主创新能力。本书选取研发费用的自然对数作为被解释变量。

2. 解释变量

由于现行的高新技术企业财税补贴政策主要涉及事前激励的政府补助和事后激励的税收优惠，而税收优惠主要集中在企业所得税上。所以我们选取所得税税负和政府补助为解释变量，探讨这二者对企业净资产收益率和研发资金投入产生多大的影响。

（1）所得税税负（ITB）：选取企业的所得税费用与企业营业收入的比值作为衡量指标。该指标表示企业在运营中获得的每一单位的营业收入中要负担的相应的所得税是多少。

（2）政府补助（GG）：选取政府对高新技术企业的补贴的自然对数作为衡量指标。

3. 控制变量

（1）总资产周转率（AT）：总资产周转率影响企业的获利能力。总资产的周转天数越少，其周转的速度就越快，反映出企业通过提高对各项资产的利用程度来提高销售能力。企业的营运能力得到提升，从而影响了企业的净资产收益率。

（2）资产负债率（LEV）：资产负债率表示负债在总资产中所占的比例。该指标既能评价企业的负债水平，也能评估企业的经营活动能力。资产负债率的大小，对企业的净资产收益率产生一定影响。

（3）营收增长率（SG）：营收增长率可以判断产品的市场占有情况以及企业业务的经营状况。企业营业收入的增长速度快，影响净资产收益率，从而产品市场前景被看好，企业就会加大研发的投入。

（4）企业产权性质（SOE）：虚拟变量，当 SOE = 1 时，企业为国有企业，当 SOE = 0 时，企业为非国有企业。企业的产权性质可能在一定程度上影响企业的利润和研发投入。

（5）企业规模（SIZE）：按照企业的资产总额对企业规模进行划分。企业规模的大小不仅直接影响企业对研发活动的资金投入，也会对净资产收益率产生影响。

（6）营业毛利率（GP）：营业毛利率表示每一单位的营业收入带来多少毛利额。企业的毛利率越高，企业的获利能力就越强，反映了企业产品的盈利能力。企业为了保持产品在市场中的竞争优势，对产品加大研发投入进行创新。

四　实证模型

本书根据上述假设构建了财政税收政策对企业的效应模型，分为短期效应模型和中长期效应模型。[1][2]

---

[1] Rao, N. Do tax credits stimulate R&D spending? the effect of the R&D tax credit in its first decade. Ssrn Electronic Journal, 2013（140）：1 – 12.

[2] Kasahara, Hiroyuki, Katsumi Shimotsu, etal. Does an R&D Tax Credit Affect R&D Expenditure? The Japanese R&D Tax Credit Reform in 2003. Journal of the Japanese and International Economies, 2014, 31（1）：72 – 97.

短期效应模型以净资产收益率为被解释变量，所得税税负为解释变量，构建多元线性回归模型即模型一：

$$ROE_{it+1} = \alpha + \beta_1 \times ITB + \beta_2 \times GG + AT + \beta_4 \times SG + \beta_5 \times LEV + \beta_6 \times SIZE \beta_7 \times SOE + \beta_8 \times GP + \varepsilon$$

中长期效应模型以研发支出的自然对数为被解释变量，所得税税负和政府补助为解释变量，构建多元线性回归模型即模型二：

$$RD_{it+1} = \alpha + \beta_1 \times ITB + \beta_2 \times GG + \beta_3 \times LEV + \beta_4 \times SOE + \beta_5 \times SG + \beta_6 \times GP + \beta_7 \times SIZE + \varepsilon$$

回归模型中，t 表示第 t 年，i 表示第 i 家企业，α 表示常数项，β 为各变量的回归系数，ε 为随机误差项。

表8－2　　　　　　　　　　模型一描述性统计

地区变量	江苏省 平均值	标准差	最小值	中位数	最大值	辽宁省 平均值	标准差	最小值	中位数	最大值
ROE	0.0564	0.155	-1.5332	0.0634	0.44	0.0116	0.1503	-1.0334	0.0327	0.353
ITB	0.0156	0.014	-0.0198	0.013	0.09	0.0097	0.0139	-0.0466	0.0093	0.0678
GG	15.765	1.399	10.4631	15.8945	19.14	16.4487	1.8148	7.6158	16.7435	19.4359
AT	0.7068	0.383	0.1262	0.6217	2.59	0.563	0.2843	0.1143	0.4986	1.5
SG	14.4978	264.2	-0.8781	0.0789	4882.52	1.0711	7.1813	-0.6956	0.0752	60.2172
LEV	0.4158	0.209	0.0322	0.4102	0.86	0.4896	0.2167	0.0395	0.4883	0.8523
SIZE	21.7161	0.843	19.3713	21.6413	23.93	22.0668	0.9858	19.98	22.2241	23.8472

从描述性统计结果来看，江苏省净资产收益率的平均值是5.64%，中位数是6.34%，最小值是-153.32%，最大值是44%；辽宁省净资产收益率的平均值是1.16%，中位数是3.27%，最小值是-103.34%，最大值是35.3%。数据说明两省的高新技术企业效益都是好坏参半，江苏省净资产收益率的平均数和中位数相差不大，说明江苏省的高新技术企业发展相对均衡，而且绩效要优于辽宁省的企业绩效。江苏省的高新技术企业的所得税税负是高于辽宁省。

江苏省和辽宁省模型一中各个变量的 PEARSON 相关系数显示，各个变量之间均未达到高度相关，之后进行回归模型检验时，可以避免共线性问题。江苏的 ROE 与 ITB、AT、SIZE、GP 之间相关性较强，均达到1%的显著水平，说明江苏省高新企业的 ROE 受这几个变量的影响较大。辽宁的 ROE 与 ITB、LEV、SIZE 之间相关性较强，且都在1%的水平下显著。利用 OLS 回归方法对上文提出的模型进行分析，以此考察净资产收益率和所得税税负之间的关系。在进行回归之前，为降低极端值对回归结果的影响，本书对变量进行了1%的缩尾处理。

江苏省模型一的回归结果，除资产负债率和企业产权性质以外，各变量均在1%—10%的水平下显著。除了企业产权性质与净资产收益率是负相关之外，其余变量与净资产收益率都为正相关。企业的所得税税负与净资产收益率呈显著正相关关系，因为企业所得税费用占营业收入的比例越高，企业在运营中获得的每一单位的营业收入中要负担的所得税就越多，表明企业获得了较多的利润，其净资产收益率也就越高。营收增长率与净资产收益率显著正相关，营业收入增长得越快，企业的净资产收益率也就相应提高。总资产周转率与净资产收益率显著正相关，因为该指标值越大，总资产周转速度越快，反映企业利用资产的能力较强，体现企业的获利能力很强，增加了企业的利润绝对值。企业的营业毛利率与净资产收益率呈显著正相关关系，企业的营业毛利率越大，反映出企业有较强的盈利能力，在市场中占据优势地位，相应的利润也就越多，会增加净资产收益率。企业的产权性质与净资产收益率呈显著负相关，是因为对于经济体制发展完善的江苏省来说，国有企业在发展上受到的限制大于非国有企业，因此在一定程度上会减少利润，从而影响净资产收益率。

辽宁省模型一的回归结果，除了资产负债率和营业毛利率之外，各变量均在1%—5%的水平下显著。与江苏的结果不同的是，企业的产权性质与净资产收益率呈显著正相关，而资产负债率、总资产周转率、企业规模、营业毛利率与净资产收益率呈反比。笔者认为两省对比的差异很大程度上与辽宁省的历史遗留问题有关。辽宁省作为东三省中经济最为发达的地区，国有企业数量也是最多的。国有经济在东北三省的经济总量中一直占有很高的比重，因而与处于东部地区经济发达、体制发展完善的江苏不同，被国企主导的辽宁省，在国家的"护航"下，净资产收益率会有所提高。民营企业虽然规模比国有企业小，但是更有活力，完全参与市场竞争，没有国有企业的"包袱"，往往会通过加大对研发的投入来增加市场份额，产品推陈出新的速度快，因而更具有竞争力，净资产收益率会相应增加。负债所占比例过大，企业为了防范财务风险会减少企业研发投入，对高新技术企业来说净资产收益率就会减少，故辽宁省的高新技术企业的资产负债率与净资产收益率呈显著负相关。[1][2]

利用 OLS 回归方法对上文提出的模型二进行分析，对研发投入与所得税税负和政府补助之间的关系进行研究。从描述性统计结果来看，两省的高新技术企业的 R&D 投入相近。江苏省的高新技术企业的所得税税负高于辽宁省，但辽宁省企业的政府补助高于江苏省。[3][4]

---

[1] 苏斯彬、周世峰、张旭亮:《长江经济带产业合作机制研究》,《宏观经济管理》2015年第11期。

[2] 黎文靖、郑曼妮:《实质性创新还是策略性创新？——宏观产业政策对微观企业创新的影响》,《经济研究》2016年第4期。

[3] Cappelen, Adne, Arvid Raknerud, et al. The Effects of R&D Tax Credits on Patenting and Innovations, Research Policy, 2012, 41 (2): 334–345。

[4] Bronzini, Raffaello, and Eleonora Iachini。Are Incentives for R&D Effective? Evidence from a Regression Discontinuity Approach. American Economic Journal: Economic Policy, 2014, 6 (4): 100–134。

江苏省模型二的回归结果,各变量均在1%的水平下显著。辽宁省模型二的回归结果,除所得税税负、资产负债率之外的所有变量均在1%的水平下显著。两个省的回归结果中,政府补助都与研发投入成正比,而江苏省的回归结果中所得税税负与研发投入成反比,辽宁省却成正比。说明江苏省的税收优惠政策很成熟,对当地的高新技术企业的创新有明显的激励效果,而辽宁省存在政府关联的企业并没有把税收优惠有效地投入到创新活动中,税收优惠政策在一定程度上成为企业规避税收的"税盾",所以对企业的研发投入并没有激励效果。政府补助虽然对企业的创新是正向的促进作用,但是由相关系数可知,政府补助的激励效果不如税收优惠。江苏省的资产负债率和企业产权性质、营收增长率都与研发投入成反比,其余变量都与研发投入成正比。当企业销售收入达到一定程度时,由于替代效应的作用,边际效用递减,销售收入相对较多的高新技术企业对研发的投入强度会减小。因而江苏省企业的营收增长率与研发投入成反比,而辽宁省企业的销售收入还未到达临界点,所以两者成正比。资产负债率越高,负债越多,越不利于企业进行研发。由于负债在企业投资活动的资金总额中占较大的比例,企业的财务风险显著增加。这样使得企业面临着双重压力,即除了需要按时偿还固定借款的借款利息外,还要承担借款人的施压,导致企业不得不减少研发投入的资金。①② 且具有政治背景的企业,相比于民营企业更能够得到政府的偏袒,具有明显的竞争优势,为企业降

---

① Kleer, Robin. Government R&D Subsidies as a Signal for Private Investors. *Research Policy*, 2010, 39 (10): 1361–1374.

② Yu, Fei F, Yue Guo, etal. The Impact of Government Subsidies and Enterprises' R&D Investment: A Panel Data Study from Renewable Energy in China, *Energy Policy*, 2016, 89 (2): 106–113.

低了竞争压力，因而企业也缺乏动机将更多的资金投入到研发创新活动中。然而辽宁省的所有控制变量都与研发投入成正比。笔者认为两省存在差异的主要原因还是由于辽宁省的国有经济在经济总量中一直占有较高的比重，因而与江苏省回归结果不同。经过对比研究之后，可以发现税收优惠政策能增强高新技术企业的盈利能力，且能刺激企业加大研发资金的投入，而且所得税优惠和政府补助对高新技术企业的作用大小不同，以所得税为代表的税收优惠作用效果更大。省际对比的结果显示两省之间有较大差异，很明显财税补贴对江苏省高新技术企业的激励效果比辽宁省大。而且由于辽宁省的特殊经济环境，国有经济占比较大，使得部分企业利用税收优惠政策规避税收，偏离政策的初衷，不继续进行创新活动。

表 8-3　　　　　　　　　模型二描述性统计

地区 变量	江苏省					辽宁省				
	平均值	标准差	最小值	中位数	最大值	平均值	标准差	最小值	中位数	最大值
RD	16.9614	1.279	11.9061	17.0348	20.45	17.2966	1.5806	13.6619	17.4682	20.1949
ITB	0.0161	0.014	0	0.0134	0.09	0.0123	0.0112	0.0007	0.0096	0.0678
GG	15.6573	1.365	10.4631	15.7495	18.73	16.4432	1.8983	7.6158	16.7435	19.4359
SG	0.3946	0.207	0.0322	0.388	0.84	1.2137	7.7125	-0.6823	0.0791	60.2172
LEV	17.8141	293.086	-0.8781	0.085	4882.52	0.4808	0.2168	0.0395	0.4808	0.8523
SIZE	21.6583	0.794	19.4616	21.6211	23.93	22.1177	0.9677	19.98	22.2094	23.8472
GP	0.2129	0.111	-0.1217	0.1968	0.72	0.2447	0.147	0.0375	0.2077	0.8232

第三节　基于苏辽两省省际差异的对策建议

2017年，政府推进实施新一轮东北地区等老工业基地振兴战略的总体部署，组织辽宁省和江苏省建立对口合作机制，积极推动东北地区改革发展。针对财税政策对江苏省的高新技术企业的激励效果比辽宁省的显著这一现象，以及辽宁省的国有经济在经济总量中占比较高、产业急需优化升级等问题提出以下建议。

（一）推动国企实质性改革

借鉴江苏省国企改革的成功经验，辽宁省应选取若干家国有企业进行混合所有制改革，采取先试点、后推广的模式，将重大企业进行联合重组，组建省级的国有资本投资运营公司。通过全面深化国有企业的改革，从根本上减轻和解决辽宁省国有企业负担重、竞争力弱、创新发展能力低下的问题。同时辽宁省政府还应该为活跃民营经济开展民营经济发展改革示范，优化投资营商环境。学习江苏省的先进经验做法，简政放权，为民营经济发展营造良好的政策环境、法治环境。直接复制推广江苏省成熟的民营经济发展经验，构建新型的政商关系，增强民营企业发展的信心，同时不断完善市场经济体制，提升对实体经济的支撑能力，为民营经济的发展提供优越的环境条件，尤其是良好的市场环境、金融环境和创新环境，从多方面激发民营经济的内生活力和提高企业创新活力。[1][2]

---

[1] 李丹、曾庆峰：《财税新政下小微企业创新创业发展之纳税筹划》，《财会月刊》2017年第34期。

[2] 孔东民：《市场竞争、产权与政府补助》，《经济研究》2013年第2期。

(二) 抓住两省对口合作良机

辽宁省乃至东北经济的问题症结主要是产业结构问题，必须加快产业结构的调整步伐。辽宁省是资源大省，环境承载力强，不论是农业还是工业都有一定的基础，还具有一定的区位优势。因此除了通过建立线上销售渠道将资源优势转化为经济优势，还必须重视先进制造产业的发展，大力投入资金建设产业转型升级的示范区，做到精益、智能、绿色制造。加强与江苏省产业链的互补和配套，推动辽宁的产业园区与江苏一些目标企业对接合作，把更多"辽宁造"产品销往江苏、全国乃至全球各地，助推辽宁实体经济发展。通过政府搭建的平台，江苏的大型企业应加快在辽宁布局一批代表发展方向的新项目，辽宁的产业园区和产业集群也要围绕产业链上下游招商，要以强化企业创新主体地位为着力点，开展前景广阔的对口合作，进一步推动创新资源、创新政策、创新服务向企业集聚，增强企业内生发展动力。两地的人才信息也应该进行交流共享，加强双方的产学研合作，提升创新水平。[1][2]

(三) 多样化税收扶持力度

政府应该加大间接优惠力度，完善政策支持体系，覆盖企业初创、成长、发展全程等不同阶段，使企业加大对研发资金的投入。针对两个省份的比较结果，针对技术创新的税收优惠政策应该将重心转移到产业链的上游，把重点向产品研发、技术转化等前端环节倾斜，从源头上壮大我国的高新技术产业。实证结果显示高新技术

---

[1] 柳光强：《税收优惠、财政补贴政策的激励效应分析——基于信息不对称理论视角的实证研究》，《管理世界》2016年第10期。

[2] 崔杰、单春霞：《创业板企业创新绩效的多层次影响因素——基于面板数据模型的研究》，《当代经济管理》2017年第12期。

产业的资产负债率较高,已经对产业当前的发展产生了重大影响。为了使高新技术企业脱离发展的桎梏,就要求高新技术企业能吸收到更多的发展资金来增加实收资本从而降低企业的资产负债率,走上可持续发展的道路,因而政府必须出台针对高新技术企业风险投资的税收优惠政策。政府还要引导银行业金融机构对辽宁省的优质企业加大信贷支持力度。通过对应急转贷、风险补偿等机制的建立加大扶持力度,积极扶持资金紧张的优质企业。[1][2]

---

[1] 陈晓、李静:《地方政府财政行为在提升上市公司业绩中的作用分析》,《会计研究》2001年第12期。

[2] 田雯:《财税政策促进企业技术创新绩效提升的机理研究》,博士学位论文,广西大学,2016。

第九章　财税政策对公司创新投资影响的建议

正常情况下在资本市场披露的上市公司公告中，如果发布了财税政策，则肯定是利好消息，会引起股票的上涨。针对受到政府补助的企业，因为获得了额外的资金支持，以"递延收益"以及"营业外收入"等会计项目，分别于企业资产负债表的"其他非流动负债"与利润表的"营业外收入"的项目下进行披露，并在财务报表附注内予以说明，不但能够提高企业的利润水平，还会影响到本期损益。但是实际上，本书的实证研究却表明，由于受到多种复杂因素的综合影响，各级地方政府往往会通过财税政策，间接地引导受补助企业的投资，使得该企业也会积极配合政府的经济增长需求，从而"主动"地调整自身的投资方向。这样的政府补助，对于上市公司提升其核心竞争力非常不利。所以，各级地方政府必须严格决策程序，正确利用财税政策，尽可能地降低财税政策对于企业投资产生的各种负面影响。纯粹地强调一方利益难以持续发展，而要兼顾二者双赢，尤其是产业结构的调整和对接。东北和东部地区对口合作相关产业对接的前提是要寻求双赢点，以此为突破口，扩充和延伸产业对接。也正是为了解决上述问题，本书关于财税政策，特提出如下政策性的建议以及关于东北与东部地区对口合作产业对接的建议。

第一节 政策性建议

一 不断完善政府补助的决策机制

各级政府必须加强自我约束，对于政府补助的具体范围与强度必须加以限制。具体操作上，要努力扩大政府补助涉及的整体范围，改变片面的政府补助，从而防止地方政府的财政收入出现下滑现象。政府补助不能挤占政府计划在劳动就业、保障民生等方面的投资，否则政府补助将失去发挥激励作用的初衷。

此外，中央政府应当依据每个省区不同的经济基础和市场化程度客观上存在的差异，合理地将各地方政府的行政职能以及财政转移支付的权限进行划分。针对不同分类的政府补助，中央政府应当牵头制定政府补助的专项管理制度，确定在政府补助方面的科学决策程序，以此确保专款专用，真正实现依据经济和社会发展需要而实施，保证公正和公平，从而防止由于错误的政府补助而导致的投资激励机制的扭曲现象。

在实施政府补助决策的时候，就应当坚持科学发展观，努力协调好各方面的利益，根据公司产权以及企业的特征采取不同的补助策略。从这方面讲，政府补助要依据既定的政府产业目标，积极发挥产业导向性的重要功能，通过政府补助引导产业规划实现；同时，地方政府不要仅以实现经济效益作为唯一目标。当然，在制定政府补助政策时，还应当坚持严格和谨慎的原则，保证政府补助的科学性，从而真正实现政府补助的优势政策，积极发挥鼓励与扶持的功能。

二 建立健全补贴之后的各项监督机制

由于政府补助会直接计入企业营业外收益,并直接增加了企业利润,若企业获得了大量巨额的政府补助,则企业总是希望通过补助改变盈余,这样企业较差的财务状况可能就会被掩饰。由于信息的不对称性,可能导致投资者信息不明,因而出现投资失误。所以,为了真正确保投资者对于企业状况有全面的了解,就应当在企业财务报告信息披露时,增加强制性的要求,在内容上至少包含:在企业会计报表的附注栏,详尽地对企业在当年度所得到的政府补助金额、补助原因以及补助用途等进行及时披露,主动接受投资者和社会的监督。

同时,还应当及时地通过信息披露,告知政府补助对于受补助企业利润所产生的重要影响程度,这样才有利于投资者全面地评价企业的经营业绩,从而做出科学的投资决策。[1][2]

此外,应当建立政府补助的政策执行以及监督机制,要强化投放到企业以后的各项政府补助资金具体使用状况的有效监督和科学管理。当发现受补助企业在运用政府补助资金时,存在挪用、违反使用用途等严重的违规行为,就必须适时地做出警告提示,直至收回政府补助、取消企业再次获得政府补助的资格。只有这样,才能真正优化依托于财政资源的市场配置,做到维护经济社会的长远利益和整体利益,确保中小投资人的知情权,以便于其科学投资决策。

三 构建政府补助资金投向效果的评价机制

为了防止各级政府在进行政府补助决策时的主观随意性,必须

---

[1] 高鑫:《财税政策对企业技术创新的作用研究》,博士学位论文,陕西师范大学,2015年。
[2] 杨骏:《软预算约束、利率市场化与宏观调控》,博士学位论文,中国人民银行金融研究所,2015年。

尽快建立和健全评价政府补助资金投向效果的机制，这项工作的重点和核心，就是尽快建立政府补助资金投向效果考核系统。此考核系统，首先应当确保政府补助实施时整个决策过程的公正、透明，而这也更加依赖于有关政务信息披露制度真正达到规范运作的程度。当前，我国新会计准则中还没有详细地界定政府补助的信息披露要求，所以政府补助的信息披露，在目前企业财务核算中，仅仅局限于企业报表（利润表）中的企业营业外收入科目，且该项目下的具体金额只是列在报表的附注中，而且该附注只要求列出政府补助的具体金额，至于该受助企业是怎样来使用该项政府补助以及使用效果等相关问题，并无进一步进行披露的具体要求。作为投资者，在判断该项补助对于公司利润的影响程度方面，只凭借自己的判断经验，难免会出现误判。

现阶段的政府补助会计处理规定和披露规定，根本难以让社会公众及时监督政府补助的投向效果，作为普通的投资者，很难厘清政府补助的使用方向。所以，在整体上对于政府构建透明公平、执行有力的公共资金使用监督体系，困难重重。所以，这就非常有必要尽快通过科学评价指标体系的建立和健全，保证政府补助体系的正确性。这些工作到位了，就能够在政府补助决策事前，进行审核与科学论证设计；在政府补助决策事后，通过对使用效率的评估，观察补助的效果。只有这样，才能充分发挥出政府补助的政策导向功能。[1][2]

此外，政府补助也可以参照当前证券市场通行的财务独立审计

---

[1] 马青：《地方政府竞争、环境规制与区域发展研究》，博士学位论文，重庆大学，2016年。

[2] 刘伟丽：《战略性贸易政策理论研究》，博士学位论文，东北财经大学，2005年。

方法，通过无利害关系的第三方所主持的资金绩效考核评价，来有效监督各项政府补助资金的具体使用情况，真正改变以往不合理的政府补助资金用途，从而使政府补助资金能够真正发挥应有的效益和作用。

第二节　东北与东部地区对口合作产业对接的建议

一　要有战略布局

《东北地区与东部地区部分省市对口合作工作方案》的出台是在我国经济发展到新阶段，注重环境、效益、公平发展的新态势，强调和重点解决区域经济发展不平衡的新时代，充分发挥我国制度优势促进跨区域合作的新举措，更是深入推进东北振兴发展的新战略。东北与东部地区对口合作产业对接应该根据双方地区的经济发展实际，有针对性地在政府宏观引导下进行产业对接，不能盲目追求短期效益的昙花一现，要有长期战略导向，通过互通有无、取长补短，实现真正意义上的长效发展。

二　要有政策保障

东北与东部地区对口合作产业对接需要政府搭建平台，出台有效政策保障，这种保障不是强制的、硬性的、约束的管制，而是顺应式的调节、引导，政府积极为市场主体——企业创造发展软环境和硬保障。

（1）针对对口合作产业对接项目要有政策倾斜。对口合作产业对接的项目多数在对接效果上存在滞后性，对接合作后不一定马上就有显著效益，甚至需要较长的一段时间来检验，这也就需要政策倾斜和保障，如建立对口合作专门管理部门，设立专项发展基金，可以采用项目立项资金扶持、对接项目孵化、对接成果奖励等特殊形式给予扶持。

（2）尝试性出台对口合作产业对接财税优惠政策。改革开放四十年来，市场经济建设和发展验证了财税优惠政策的杠杆和导向作用，首先，目前国家在振兴东北老工业基地方面给予的财税优惠政策，是普惠财税政策，对口合作产业对接项目要善于使用这种政策。其次是有针对性地出台较为宽松的对口合作产业对接财税优惠政策，一定程度上拓宽了财税优惠政策实施范围和空间，比如对口合作产业对接项目可以尝试"免两年"所得税优惠政策，所得税优惠部分继续用于合作项目研究开发支出的再给予一定的税收激励，甚至是部分流转税返还等，主要是激发对口合作产业对接的激情，释放潜能。最后，可以考虑用项目实体投资做税收抵押或质押，确保对接项目资金现金流短期周转问题，这样在项目初期资金周转困难的问题就会得到有效保障。

（3）切实有效提高政府运行效率。对口合作产业对接项目可能要考虑众多因素，其中之一是成本要素问题，现实市场经济的成本已经远超过传统成本会计所包括的料工费了，包括社会性成本支出：养老保险、社会保险、社会责任、环境保护承担等综合发展有形成本；同时，涉及市场运行效率、政策推进程度、市场规范程度等无形成本。因此，作为政府要在顺应市场经济发展历程中，不断提高政府运行效率。

三　要打通金融互惠

金融对经济发展、区域发展和社会稳定具有很重要的配置、调节作用，东北与东部地区对口合作产业对接的发展对资金的需求是毋庸置疑的，可以尝试建立"政府、银行、担保、企业"的联动融资模式。

（1）把东部资金引入东北地区。以江苏和辽宁两省对接为例，江苏省以工业、批发和零售业、金融保险业等为主要行业拉动地区生产总值不断攀升，金融保险业实力明显强；辽宁省以工业、其他服务业、批发和零售业、农林牧渔业、建筑业等为主要行业拉动地区生产总值。通过比较可以看到，辽宁省还是更倾向于传统产业，金融保险业等行业对其经济的促进作用更是微弱。如此一来，在三省四市对口合作产业对接中，可以把东部较为发达的金融保险业引入东北地区，开立分支机构或项目投资，如果直接用于对口合作产业对接项目的资金援助和低息、贴息融资，合作政府可以在匹配的金融政策上给予倾斜。

（2）打通金融互惠的绿色通道。东部地区资金优势、经济实力和人均可支配收入均位于全国前列，金融市场的发育和发展程度优于东北地区，可以尝试建立"政府、银行、担保、企业"的联动互通融资模式。政府（三省四市对口合作产业对接负责小组）出面针对对口合作产业对接项目或者投资给予协调融资，鼓励银行参与资金投入或者由政府背景的担保公司为企业担保融资，而且要打破地域边界，可以参照实施"背对背贷款""平行贷款"等国际融资模式，打通金融互惠的绿色通道，提高对三省四市产业深度对接的投放力度。

四 要扩展市场空间

东北与东部地区对口合作产业对接要扩展对外和对内市场空间，提升产品消化能力。市场空间确切地说是市场地理界限，泛指商品供给和需求的空间范围,是在遵循市场经济规律作用下,商品自由贸易和市场流通所占有的地域范围概念。

(1) 延续产品和市场生命周期。东部地区的技术创新水平和能力总体强于东北地区,三省四市对接可以融入生命周期来考虑跨区域合作对接,比如在东部地区产业、产品、贸易具有相对成熟技术的,可以与尚不成熟或者还没有发展起来的东北地区对接,这样的话,对于拥有成熟技术产品、贸易的地区可以延续其投资收益且不需要任何研发成本和支出,实现其增值。再比如旅游产业的对接,东北地区的雪资源与东部地区的暖资源可以交叉对接,加强省际间旅游互惠交流,拉动双方旅游产业的互惠发展和对接,实现市场空间的对接和扩充。对于尚不成熟或没有发展起来的东北地区,在无缝对接前提下可以不需要投入研发成本即可扩展市场空间,并降低成本、获得杠杆收益,这是典型的双赢的对口合作产业对接。

(2) 产业对接后相互拓展交叉国外市场。以黑龙江为例,与俄罗斯有直通的铁路运输,具有向东北亚和俄罗斯开发的天然地理优势,一直都为辽宁、吉林对俄贸易提供有利纽带作用,东三省有着天然的交流合作平台和机会。江苏与辽宁对口合作后,就可以借助其优越地理位置和条件,将其产品移植到东北出口,既推进了江苏产业的发展,也实现了辽宁出口贸易的增长。同样,三省四市都可以采用这种跨地区交叉开拓国外市场的模式,而且对于国外市场来讲,又有新型产品涌入,也是产品、贸易出口的新增长点。

五 要注重产业互补

产业对接的基本理论要求考虑不同地域的产品级差,东北与东部地区对口合作产业对接要注重产业对接互补性,产业互补就会产生双赢。

（1）产业对接注重资源禀赋的差异。东北和东部地区二者自然资源禀赋不同，可以通过产业对接实现资源互补，如东北地区的农业资源，可以与东部地区技术、市场资源开展深度对接合作。将三省四市中两地不同经营种类、特色业务对接，提高新产业发展水平，针对东部和东北地区经济发展上的互补性，发挥比较优势，实现协同效应的"1+1＞2"。

（2）创新和多样化产业对接形式。产业对接形式包括合资合作形式的直接投资、实现产业共同发展的联合开发等。根据赫尔曼的不平衡增长理论，针对包括资本在内的资源稀缺性，这种稀缺性必然导致要把有限资源投入限定的行业，最大限度发挥其促进经济增长的效果，也就自然导致不平衡增长。三省四市的对口合作要注重利用这种不平衡增长，选取特殊产业、行业进行多样化对接形式，比如利用互联网技术、网络平台等新型技术来实现多样化产业对接。

东北和东部地区对口合作是很大程度上区别于纯粹对口支援和扶贫的新型跨地区合作模式，而如何成功有效地对接三省四市产业相关成果尚在逐步探索中。笔者认为，对口合作产业对接关键点是要以双赢为前提，在政府导向下的市场行为，纯粹地强调一方利益难以持续发展，而要兼顾二者双赢视角，实现"传帮带"的协同成长和发展。

第十章 结论和展望

第一节 研究结论

本书在回顾国内外财税政策相关研究的基础上,对财税政策的相关理论问题进行了详细梳理,并且对2008年以来我国上市公司的财税政策具体现状进行了统计分析,也重点探析了财税政策对公司创新投资激励所产生的影响。最后,基于财税政策对企业研发创新绩效的影响,对黑龙江省与广东省、吉林省与浙江省、辽宁省与江苏省分别进行对比分析,探讨财税政策对激励两省的企业研发支出效果的差异,致力于实现三省对接政策,实证检验了财税政策对企业研发具有激励作用,并结合各省份的不同情况,给出制定相关政策的建议。

经过本书的系统研究,基本可以得到以下结论。

(1)通过对中国上市公司所接受的财税政策的情况进行统计分析,结果显示,从政府补助的行业分布上看,政府更加倾向于对公共事业类行业以及高新技术产业两类上市企业进行补贴;从政府补助所涉及地区的分布上看,政府补助的依据更为明显地取决于当地政府具体的财政状况，虽然我国西部地区的上市企业的政府补助力度已经出现逐步加大的趋势，但是在增长幅度方面表现却并不明显，这必然进一步加剧区域经济发展的不平衡状态；从政府补助的国有、民办产权性质方面分析，近些年来对民营企业的政府补助力度有明显的提升，但是和国有企业相比，仍然偏低；从政府补助总额方面分析，ST 上市公司所获得的政府补助并不能真正改善盈余，也没有显著地高于其他的非 ST 上市公司，该结果也表明，通过政府补助去"保壳"的决策动机已经大大弱化。

（2）通过实证分析，本书探讨了财税政策对于企业资本投向的引导和影响作用，结果证明财税政策对上市公司的投资方向产生的影响较为明显。由于财税政策明显刺激企业扩大了固定资产投资，同时也造成企业对外投资水平的显著下降，这也证明企业为了扩大其对内投资而占用了对外投资的规模，即过分追求经济增速增长，已经较为显著地影响到了政府补助与上市公司固定资产投资所存在的正向关系，并且 GDP 增速越高，政府补助与上市公司固定资产投资所存在的正向关系就会越弱。这在很大程度上，也有力阐释了近年来我国的固定资产投资一直增长过快的原因，而这也已经成为经济增长从量变到质变的阻碍。

（3）在政府宏观政策导向下的市场行为，纯粹地强调一方利益难以持续发展，需要兼顾二者双赢，尤其是产业结构的调整和对接。东北和东部地区对口合作的前提是要寻求双赢点，以此为突破口，扩充和延伸产业对接。东北与东部地区对口合作是充分发挥我国制度优势促进跨区域合作的新举措，更是深入推进东北振兴发展的新战略。东北与东部地区对口合作应该根据双方地区的经济发展实际，有针对性地在政府宏观引导下进行产业对接，不能盲目追求短期效益的昙花一现，要有长期战略导向，通过互通有无、取长补短，实现真正意义上的长效发展。东北与东部地区对口合作产业对接需要政府搭建平台，出台有效政策保障，这种保障不是强制的、硬性的、约束的管制，而是顺应式的调节、引导，政府积极为市场主体——企业——创造发展软环境和硬保障，如针对对口合作产业对接项目要有倾斜政策、尝试性出台对口合作产业对接财税优惠政策。此外，金融对经济发展、区域发展和社会稳定具有很重要的配置、调节作用，东北与东部地区对口合作产业对接的发展对资金的需求是毋庸置疑的，可以尝试建立"政府、银行、担保、企业"的联动融资模式。对口合作产业对接关键点是要以双赢为前提，在政府导向下的市场行为，纯粹地强调一方利益难以持续发展，而要兼顾二者双赢视角，实现"传帮带"的协同成长和发展。

第二节 研究的局限性与展望

本书重点关注财税政策对上市公司在创新投资激励上的影响。本书在选题方向、模型设计和研究重点的取舍等方面，力求全面和准确，并且希望据此提出财税政策的合理化建议，但是由于本人知识水平有限，必然存在很多的局限性，这些都亟待改进和加强。

第一，本书的研究样本选自沪深上市公司，仅仅探究了财税政策对于上市公司创新投资方向的影响，但忽略了大量存在的非上市公司。这样的样本选择，存在选择性偏差，不利于对政府补助效果进行较为全面、客观的评价。同时，由于本书所研究的政府补助，主要是在下一年度才对上市公司投资产生影响，但针对之后年度的长期作用没有跟踪研究。所以，对于政府补助方面的长期政策效应还不能做最后定论。

第二，本书重点关注的政府补助相关数据，基本来自样本企业财务报表中已经披露的信息。但是，很多针对上市公司的政府补助在形式上非常隐蔽，比如政府提供债务担保或者豁免债务等。所以，只是研究企业财务报表当中已经披露的内容，存在片面性，进而影响到研究结论。

本书在研究中发现，财税政策会干预企业的创新投资方向，那么，财税政策对于公司其他会计政策的选择是否也会产生较大的影响，这将是本人未来研究的方向，也将会在今后的研究工作中予以重点关注。

参考文献

[1] [英]亚瑟·庇古:《福利经济学》,何玉长、丁晓钦译,上海财经大学出版社 2009 年版。

[2] 李翠芝、林洲钰:《政府财税扶持对企业技术创新的影响研究》,《云南财经大学学报》2013 年第 6 期。

[3] 崔也光、姜晓文、王守盛:《财税政策对企业自主创新的支持效应研究——基于经济区域的视角》,《经济与管理研究》2017 年第 38 期。

[4] 李扬:《财政补贴经济分析》,上海三联书店 2011 年版。

[5] 姚明安、孔莹:《财务杠杆对企业投资的影响——股权集中背景下的经验研究》,《会计研究》2008 年第 5 期。

[6] 丁菊红、邓可斌:《政府偏好、公共品供给与转型中的财政分权》,《经济研究》2014 年第 7 期。

[7] 何源、白莹、文翘:《财政补贴、税收与公司投资行为》,《财经问题研究》2015 年第 6 期。

[8] [美]阿图·埃克斯坦:《公共财政学》,中国财政经济出版社 2010 年版。

[9] 途东、林高、杨丹:《政府补助、研发支出与市场价值》,《投资研究》2012 年第 9 期。

［10］王凤翔、陈柳钦：《地方政府为本地竞争性企业提供财政补贴的理性思考》，《经济研究参考》2013年第33期。

［11］周勤业、周长青：《非经常性损益对沪市上市公司财务业绩影响研究》，《上海立信会计学院学报》2015年第1期。

［12］朱松、陈运森：《政府补助政策、盈余管理动机与上市公司扭亏》，《中国会计与财务研究》2009年第3期。

［13］唐清泉、罗党论：《政府补助动机及其效果的实证研究——来自中国上市公司的经验证据》，《金融研究》2014年第6期。

［14］白俊红：《中国的政府R&D资助有效吗？——来自大中型工业企业的经验证据》，《经济学》（季刊）2011年第10期。

［15］李汇东、唐跃军、左晶晶：《用自己的钱还是用别人的钱创新？——基于中国上市公司融资结构与公司创新的研究》，《金融研究》2013年第2期。

［16］解维敏、唐清泉、陆姗姗：《政府R&D资助，企业R&D支出与自主创新——来自中国上市公司的经验证据》，《金融研究》2009年第6期。

［17］李万福、杜静、张怀：《创新补助究竟有没有激励企业创新自主投资——来自中国上市公司的新证据》，《金融研究》2017年第10期。

［18］吕久琴：《政府补助影响因素的行业和企业特征》，《上海管理科学》2015年第4期。

［19］杨瑾淑：《上市公司股权结构与补贴收入关系实证分析》，《中国管理信息化》2008年第10期。

［20］陈晓、李静：《地方政府财政行为在提升上市公司业绩中的作用探析》，《会计研究》2016年第12期。

[21] 安同良、周绍东、皮建才：《R&D 补贴对中国企业自主创新的激励效应》，《经济研究》2009 年第 10 期。

[22] 胡旭阳：《民营企业家的政治身份与民营企业的融资便利——以浙江省民营百强企业为例》，《管理世界》2014 年第 5 期。

[23] 沈晓明、谭再刚、伍朝晖：《补贴政策对农业上市公司的影响与调整》，《中国农村经济》2012 年第 6 期。

[24] 步丹璐、郁智：《政府补助给了谁：分布特征实证分析》，《财政研究》2012 年第 8 期。

[25] 余明桂、回雅甫、潘红波：《政治联系、寻租与地方政府财政政策有效性闭》，《经济研究》2010 年第 3 期。

[26] 魏明海、柳建华：《国企分红、治理因素和过度投资》，《管理世界》2016 年第 4 期。

[27] 谭劲松：《政府干预与不良贷款》，《管理世界》2012 年第 7 期。

[28] 杜兴强、陈谧慧、杜颖洁：《寻租、政治联系与真实业绩——基于民营上市公司的经验证据》，《金融研究》2015 年第 10 期。

[29] 郝颖、刘星：《政府干预、资本投向与结构效率》，《管理科学学报》2011 年第 4 期。

[30] 王永钦：《大转型：互联的关系型合约理论与中国奇迹》，上海人民出版社 2015 年版。

[31] 周黎安：《中国地方官员的晋升锦标赛模式研究》，《经济研究》2014 年第 7 期。

[32] 刘浩：《上市公司政府补助的会计规范》，《证券市场导报》2012 年第 7 期。

[33] 王文剑、覃成林：《地方政府行为与财政分权增长效应的地区性差异——基于经验分析的判断、假说及检验》，《管理世界》2014年第1期。

[34] 罗党论、唐清泉：《政治关系、社会资本与政策资源获取：来自中国民营上市公司的经验》，《世界经济》2015年第7期。

[35] 潘越、戴亦一、李财喜：《政治关联与财务困境公司的政府补助——来自中国ST公司的经验证据》，《南开管理评论》2013年第5期。

[36] 樊纲、王小鲁、朱恒鹏：《中国市场化指数——各地区市场化相对进程2009年度报告》，经济科学出版社2009年版。

[37] 刘尚希、韩晓明、张立承等：《进一步降低企业税费负担的难点与对策——基于内蒙古、黑龙江的调研报告》，《财政科学》2017年第9期。

[38] 于海峰、赵丽萍：《激励创新视阈下税收优惠政策的"二元分化"》，《地方财政研究》2017年第7期。

[39] 周洪波：《实施长江经济带发展战略的税收政策及配套措施研究——基于上游地区产业转型升级的分析》，《税收经济研究》2017年第4期。

[40] 胡绪华、徐骏杰、马诗萌：《财税政策对长三角地区高技术产业空间结构优化效应研究》，《科技管理研究》2017年第12期。

[41] 陈远燕、何明俊、冯文芸：《中关村鼓励创新税收优惠政策效果评估——基于双重差分模型的实证分析》，《税务研究》2017年第10期。

[42] 姜付秀、伊志宏、苏飞等：《管理者特征与企业过度投资行为

研究》，《管理世界》2015年第1期。

[43] 邵敏、包群：《地方政府补助企业行为分析：扶持强者还是保护弱者？》，《世界经济文汇》2016年第1期。

[44] 赵笛：《促进企业创新发展的税收优惠政策研究》，《税务研究》2017年第7期。

[45] 牟可光、徐志、钱正平等：《对我国创业创新税收优惠政策的探讨》，《经济研究参考》2017年第9期。

[46] 江苏省国家税务局课题组：《鼓励科技创新税收优惠政策调研——基于江苏省的实证研究》，《国际税收》2017年第1期。

[47] 李维安、李浩波、李慧聪：《创新激励还是税盾？——高新技术企业税收优惠研究》，《科研管理》2016年第37期。

[48] 戴晨、刘怡：《税收优惠与财政补贴对企业R&D影响的比较分析》，《经济科学》2008年第3期。

[49] 王春元：《税收优惠刺激了企业R&D投资吗？》，《科学学研究》2017年第35期。

[50] 赵彤、范金、周应恒：《长三角地区企业研发费用加计扣除政策实施效果评价与对策建议》，《中国科技论坛》2011年第6期。

[51] 储德银、纪凡、杨珊：《财政补贴、税收优惠与战略性新兴产业专利产出》，《税务研究》2017年第4期。

[52] 王珍愚、王艳茹：《直接补贴与税收优惠对企业R&D投入决策影响的比较研究》，《经营管理者》2017年第3期。

[53] 张文春：《税收政策在促进高新技术产业发展中的作用及其机理分析》，《中国人民大学学报》2006年第1期。

[54] 石绍宾、周根根、秦丽华：《税收优惠对我国企业研发投入和产出的激励效应》，《税务研究》2017 年第 3 期。

[55] 王春元：《税收优惠刺激了企业 R&D 投资吗?》，《科学学研究》2017 年第 35 期。

[56] 李维安、李浩波、李慧聪：《创新激励还是税盾？——高新技术企业税收优惠研究》，《科研管理》2016 年第 37 期。

[57] 李丽青：《税收优惠政策对企业 R&D 投入的激励机理研究》，《科技进步与对策》2008 年第 2 期。

[58] 郭炬、叶阿忠、陈泓：《是财政补贴还是税收优惠？——政府政策对技术创新的影响》，《科技管理研究》2015 年第 35 期。

[59] 郭伟展：《产业合作机制、模式创新视角下的浙台生产性服务业合作研究》，《国际商务（对外经贸大学学报)》2011 年第 5 期。

[60] 李非：《两岸高科技产业合作新态势与机制创新研究》，《亚太经济》2012 年第 1 期。

[61] 王婷：《闽台高新技术产业深度对接模式选择》，《亚太经济》2013 年第 1 期。

[62] 谭裕华：《东莞与穗深港产业对接研究》，《科技管理研究》2014 年第 6 期。

[63] 苏斯彬、周世峰、张旭亮：《长江经济带产业合作机制研究》，《宏观经济管理》2015 年第 11 期。

[64] 盛光华、葛万达、王丽童：《新一轮东北振兴视角下京津冀产业转移与东北地区产业对接问题研究》，《当代经济管理》2017 年第 6 期。

[65] 唐雪松、周晓苏、马如静：《上市公司过度投资行为及其制约

机制的实证研究》,《会计研究》2007年第7期。

[66] 黎文靖、郑曼妮:《实质性创新还是策略性创新?——宏观产业政策对微观企业创新的影响》,《经济研究》2016年第4期。

[67] 李丹、曾庆峰:《财税新政下小微企业创新创业发展之纳税筹划》,《财会月刊》2017年第34期。

[68] 邓子基、杨志宏:《财税政策激励企业技术创新的理论与实证分析》,《财贸经济》2011年第5期。

[69] 步丹璐、狄灵瑜:《治理环境、股权投资与政府补助》,《金融研究》2017年第10期。

[70] 何源、白莹、文翘:《财政补贴、税收与公司投资行为》,《财经问题研究》2006年第6期。

[71] 孔东民:《市场竞争、产权与政府补助》,《经济研究》2013年第2期。

[72] 柳光强:《税收优惠、财政补贴政策的激励效应分析——基于信息不对称理论视角的实证研究》,《管理世界》2016年第10期。

[73] 王建华:《新政府补助准则的亮点及其对企业纳税的影响》,《财会月刊》2017年第34期。

[74] 崔杰、单春霞:《创业板企业创新绩效的多层次影响因素——基于面板数据模型的研究》,《当代经济管理》2017年第12期。

[75] 陈晓、李静:《地方政府财政行为在提升上市公司业绩中的作用分析》,《会计研究》2001年第12期。

[76] 田雯:《财税政策促进企业技术创新绩效提升的机理研究》,

博士学位论文，广西大学，2016年。

[77] 高鑫：《财税政策对企业技术创新的作用研究》，博士学位论文，陕西师范大学，2015年。

[78] 廖东平：《政治关联与高新技术企业创新投资研究》，博士学位论文，江西财经大学，2015年。

[79] 杨骏：《软预算约束、利率市场化与宏观调控》，博士学位论文，中国人民银行金融研究所，2015年。

[80] 马青：《地方政府竞争、环境规制与区域发展研究》，博士学位论文，重庆大学，2016年。

[81] 刘伟丽：《战略性贸易政策理论研究》，博士学位论文，东北财经大学，2005年。

[82] Eckaus R., China's exports, subsidies to state – owned enterprises and the WTO, *China Economic Review*, 2014, (17): 1 – 13.

[83] Gerd Sehwartz, Benedict Clements, Government Subsidies, *Journal of Economic Surveys*, 2012, (2): 119 – 147.

[84] Mansfield, How rapidly does new industrial technology leakout, *Journal of Industrial Economics*, 2005, (34): 217 – 223.

[85] Jiao Chen, Chi – Wen Jevons Lee, Jing Li, Chinese Tango: Government Assisted Earnings Management, *Journal of Accounting and Public Polic.*, 2013, (12): 1 – 38.

[86] Qian Y., Roland G., Federalism and the soft budget constraint, *American Economic Review*, 1998, 88 (5): 1143 – 1162.

[87] Sourafel Girma, Eric Strobls, The effect of Government Grants on Plant Level Productivity, *Economics Letter*, 2015, (94): 439 – 444.

[88] Lee, Jong W., Government Interventions and Productivity Growth,

Journal of Economic Growth, 2006 (5): 2-33.

[89] Heckman, J., Sample Selection Bias As a Selection Error, *Econometrica*, 1998, 47 (1): 61-153.

[90] Matthew A. Shapiro, The Political Economy of R&D Collaboration: Micro-and-Macro-Level Implication. Los Angeles University of Southern California, 2008.

[91] Patrick Dever Jr., Reforming Subsidies in the Federal Budget, *Federal Subsidy Reform*, 2015, (35) 5: 854-878.

[92] Rao, N. Do tax credits stimulate R&D spending? the effect of the R&D tax credit in its first decade. *SSRN Electronic Journal*, 2013 (140): 1-12.

[93] Arrow, Kenneth J., The Economic Implication of Learning by Doing, *Review of Economic Studies*, 1962, 29 (3): 155-173.

[94] Kasahara, Hiroyuki, Katsumi Shimotsu, et al. Does an R&D Tax Credit Affect R&D Expenditure? The Japanese R&D Tax Credit Reform in 2003, *Journal of the Japanese and International Economies*, 2014, 31 (1): 72-97.

[95] Cappelen, Adne, Arvid Raknerud, et al. The Effects of R&D Tax Credits on Patenting and Innovations, *Research Policy*, 2012, 41 (2): 334-345.

[96] Rao, Nirupama. Do Tax Credits Stimulate R&D Spending? The Effect of the R&D Tax Credit in Its First Decade. *Journal of Public Economics*, 2016, 140 (8): 1-12.

[97] Hall, Bronwyn H. The Financing of Research and Development. *Oxford Review of Economic Policy*, 2002, 18 (1): 35-51.

[98] Lin, Chen, Ping Lin, et al. Property Rights Protection and Corporate R&D: Evidence from China. *Journal of Development Economics*, 2010, 93 (1): 49 – 62.

[99] Bronzini, Raffaello, and Eleonora Iachini. Are Incentives for R&D Effective? Evidence from a Regression Discontinuity Approach. *American Economic Journal: Economic Policy*, 2014, 6 (4): 100 – 134.

[100] Kleer, Robin. Government R&D Subsidies as a Signal for Private Investors. *Research Policy*, 2010, 39 (10): 1361 – 1374.

[101] Marino, Marianna, Stéphane Lhuillery, et al. Additionality or Crowding—out? An Overall Evaluation of Public R&D Subsidy on Private R&D Expenditure. *Research Policy*, 2016, 45 (9): 1715 – 1730.

[102] Boeing, Philipp. The Allocation and Effectiveness of China's R&D Subsidies: Evidence from Listed Firms. *Research Policy*, 2016, 45 (9): 1774 – 1789.

[103] Yu, Fei F, Yue Guo, et al. The Impact of Government Subsidies and Enterprises' R&D Investment: A Panel Data Study from Renewable Energy in China. *Energy Policy*, 2016, 89 (2): 106 – 113.